Karl Valentin
War es gestern, oder war's im 4. Stock

SERIE

PIPER

Zu diesem Buch

Karl Valentin nahm die Sprache beim Wort und lotete die Grenzen des gerade noch Sagbaren aus – um sie unermüdlich mit seiner vortrefflichen Kunst der komischen Verdrehung über all ihre
Grenzen hinauszuführen. Artistisch jonglierte er mit allen Hö-
hen und Tiefen des Witzes, wenn er zum virtuosen Spiel mit unserem alltäglichen Sprachumgang ausholte. Luwig Wittgen-
steins »Anrennen gegen die Grenzen der Sprache« verwirklichte
Karl Valentin in den vertrackten Sprachgebilden, in denen sich
seine Figuren verheddern, wenn sie seinen clownesken Gramma-
tiken ausgeliefert sind. Gnadenlos wirken die tollkühnen Volten
seiner fröhlichen Sprachwissenschaft, die dem Leser durchaus
die Sprache verschlagen können.

Helmut Bachmaier, geboren 1946 in Stuttgart, ist Herausgeber
der im Piper Verlag erscheinenden Gesamtausgabe der Werke
Karl Valentins (1882–1948). Er ist Professor für Literaturwis-
senschaft an der Universität Konstanz.

Karl Valentin

War es gestern, oder war's im 4. Stock

Sprachclownerien

Herausgegeben und mit einem Nachwort
von Helmut Bachmaier

Piper München Zürich

Originalausgabe
November 1996
© 1996 R. Piper GmbH & Co. KG, München
Umschlag: Büro Hamburg
Simone Leitenberger, Susanne Schmitt, Andrea Lühr
Gesamtherstellung: Clausen & Bosse, Leck
Printed in Germany   ISBN 3-492-22065-7

Inhalt

Nonsens-Artikel

Witzige Kurztexte

Vorwort

Weil jedes Buch ein Vorwort besitzt, oder, besser gesagt, besitzen tut, kann auch ich es nicht unterlassen, bei meinem neuerschienenen »Hochwissenschaftlichen Werke« ein solches vorauszusetzen. Eigentlich ist es ja Blödsinn, ein Vorwort ist eigentlich nur ein Wort – und mit einem einzigen Wort auf der ersten Seite des Buches wäre dem Leser nicht gedient. Also sagen wir passender, ich schicke dem Buch einen Vor=Artikel voraus.

Das Wort »Wort« ist ja für sich schon ein Blödsinn – was man dadurch erkennt, wenn man das Wort »Wort« fünfzigmal hintereinander hersagt. Machen Sie die Probe und Sie werden sagen, es ist tatsächlich ein saudummes Wort, das Wort »Wort«. Ein Inhaltsverzeichnis dem Buche beizufügen, wollte ich umgehen, da ja der Inhalt in dem Buche sowieso verzeichnet ist, was Sie daraus ersehen, wenn Sie nur sämtliche Titel der im Buche gedruckten Vorträge lesen.

Das Buch möge meinen mir gut gesinnten Verehrern viel Heiterkeit bringen, auch gute Erfolge, soweit die Vorträge zum Vortrag gelangen. Für den Erfolg garantieren kann ich jedoch nicht. Einige Ratschläge will ich dir als Fachmann erteilen. Wenn du komische Vorträge hältst, spreche oder singe stets laut, halte stets eine ruhige Stellung ein und wenn du auch nervös bist, laß es vorm Publikum nicht merken. Sei in deinem Vortrage trocken, auch bei feuchter Witterung.

Auch meine lieben Kollegen werden dieses Buch in die Hand bekommen, diese werden zu dem Inhalte des Buches sagen »Mist« – dasselbe was ich zu dem Inhalt ihrer Bücher sage. Daraus ersieht man, daß verschiedene Menschen den gleichen Gedanken haben können. Eine Gebrauchsanweisung, wie das Buch gelesen werden sollte, ist eigentlich überflüssig, dennoch füge ich hinzu: man geht in eine Buchhandlung und verlangt komische Vorträge; nachdem einem der Verkäufer solche von verschiedenen Humoristen vorlegt, nimmt man stets nur solche von Karl Valentin, bezahlt das Buch in bar, geht damit nach Hause und beginnt zu lesen.

Man liest zuerst das Vorwort usw.

Siehe Vorwort!!!

Der Verfasser

Absurde Selbstinszenierungen

Karl Valentins Selbstbiographie

Karl Valentin, Münchner Komiker, Sohn eines Ehepaares.

Karl Valentin erlernte aus Gesundheitsrücksichten im Alter von 12 Jahren die Abnormität und zeigte nach reiflicher Überlegung Talent zum Zeitunglesen.

Sein Hang zur Musik ist alltäglich. Am liebsten hört er zu, wenn er selbst spielt. Seine Leidenschaft ist das Stehlen, welches er sich jedoch vorsichtshalber, ohne je einmal gestohlen zu haben, sofort wieder abgewöhnte.

Kaum den Kinderschuhen entwachsen, kauften ihm seine Eltern, größere. Im Winter trägt Karl Valentin absichtlich gern keine Strohhüte, trotzdem er durch jahrelanges Training in den Tropenländern dazu gezwungen war.

Karl Valentins Eigenheiten sind eigen.

Sein neuester, gedachter Trick, sich während einer Hungerkur satt zu essen, wurde von vielen nachgemacht, aber – Original bleibt Original! – Seine letzte Errungenschaft, die Herausgabe eines Buches: Kleiner Leitfaden zum zweimaligen Wiederkäuen der einmaligen Nahrungsaufnahme des Menschen, wodurch also jedem Menschen pro Tag zwei Mahlzeiten erspart geblieben wären, wurde Valentin vom Verbande Deutscher Lebensmittelhändler konfisziert.

Karl Valentin hat die ganze Welt bereist, mit Ausnahme von Amerika, Asien, Afrika, Europa und sämtlicher anderer Länder.

Auf seiner Orientreise, die er im Jahre 1992, vormittags zwischen halb und dreiviertel 9 Uhr zu machen gedenkt, wird er sich beim Sultan Nachfolger als 110jähriger Mann vorstellen. Mit den Vorbereitungen der Empfangsfeierlichkeiten soll schon in der kommenden Woche begonnen werden.

Etwas von den körperlichen Eigenschaften Karl Valentins zu schreiben, ist am Platze. Sein Körpergewicht ist unwichtig, seine Größe – länglich; sein Gang – beweglich; sein Charakter charakteristisch; seine Haltung – lächerlich; und sein Hemd farbig.

Er lebt von der Unsinnfabrikation, wie die meisten seiner Mitmenschen, – – Reichstagsabgeordneter gedenkt er bei eventuellem Stellungswechsel immer werden zu können. Valentin leidet an Platzangst – er fürchtet die Angst vor Plätzen, zum Beispiel Kostplätzen für eventuelle ledige oder uneheliche Kinder – – –!

Finanziell will Karl Valentin seine Lage nicht schildern. Außer, vielleicht dem Finanzamt, und hier will er nichts verschweigen und nichts hinzufügen, so war ihm Gott helfe. Amen!

Ich bin ein armer, magerer Mann

> Ach, es ist doch schrecklich g'wiß,
> Wenn der Mensch recht mager ist;
> Ich bin mager, welche Pein,
> Mager wie ein Suppenbein.

Was muß denn ich verbrochen haben, daß mich die Natur gar so grauslich zamg'richt hat. – Ich versteh' das nicht, in unserer Familie kann das unmöglich liegen, denn mein Vater wiegt über drei Zentner, meine Mutter über zwei Zentner und meine Schwester hat einen Bahnexpeditor geheiratet, und gerade ich muß so mager sein. – Ja, jetzt tut's es ja noch, aber früher soll'n S' mich g'seh'n hab'n, gleich nach der Geburt, da hab ich ausg'schaut wie a Salami. – Darum hab' ich auch als klein's Kind keine Wiege gebraucht, mich hat meine Mutter ganz einfach in einen Lampenzylinder neing'steckt und hat mich am Tisch umhergewalkerlt, so mager war ich.

Und trotzdem is mein Vater stolz auf mich, der mag die fetten Kinder selber nicht und grad deshalb, weil ich so mager bin, drum »mag er« mich so gern. Er sagt »Vetter« kann ich immer noch werd'n, wenn amal mei Schwester heirat'. Einmal bin ich in einem Kaffeehaus an einem Billard dort gelehnt und weil ich so mager bin wie ein Stock und weil ich am Billard dortg'lehnt bin, jetzt hat einer g'laubt, ich bin der Billardstock. – –

Aber die größte Gaudi war das, wie ich zur Musterung gehen hab' müssen, also hab'n die da drob'n a Gaudi g'habt, wie s' mich g'sehn haben. – Net, und ich hab' doch, wenn ich ausgezogen bin, so Rippen da 'rüber, quer rüber – mich hat halt früher meine Mutter immer zum Meerrettichreiben hergenommen. – Kurz und gut, wie die mich g'sehn hab'n, hab'n s' g'sagt: Ja Kerl, Sie kommen ja daher wie a Bahnwärterhäusl aus Wellblech. – Aber trotzdem, daß ich so gebaut war, hab'n s' mich nicht genommen zu den Soldaten, nicht amal zum Militär hab'n s' mich brauchen können.

Natürlich bin ich auch furchtbar leicht; wenn ich z. B. in einem Restaurant sitz und da Wirt reibt an Ventilator auf, da muß ich mich immer am Tisch anbinden, daß's mich net in's Röhrl neizieht. – – Dann hat amal einer zu mir g'sagt: Sie sind schon wirklich a gräuslicher Kerl, Sie können Ihnen jetzt schon in der Anatomie verkaufen; dann bin ich auch hingegangen zu dem Anatomieprofessor und hab mich offeriert, nun hat er g'sagt: Was verlangen S' denn für Ihnen? – Ja, sag' ich, unter 80 Mark kann ich mich nicht hergeb'n, weil auf 50 Mark komm' ich mich ja selbst. – Ja, sagt der Herr Professor, wie können Sie das behaupten, daß Sie 50 Mark wert sind? – Ja, sag i, ich hab mich kürzlich ausgezogen und hab meine Knochen so abgegriffen und da hab' ich 'rausgefunden, daß ich 50 Knochen hab' und weil ich in jedem Knochen »a Mark« hab', bin ich 50 Mark wert. –

Dann hab ich amal was gelesen von einem Leichenverbrennungsverein, denk' ich mir, da gehst auch hin und laßt dich amal verbrennen, wennst gestorben bist; dann bin ich auch hingegangen und hab den Leichenverbrennungsvorstand g'fragt, ob das überhaupt geht bei mir, dann hat er mich ang'schaut und hat g'sagt: Ja, Sie sind schon arg dürr, bei Ihnen kostet es mehr. – Ja, sag ich, warum denn grad bei mir? – Ja, sagt er, weil ma bei Ihnen im Verbrennungsofen drin an neuen Rost brauchen, weil Sie durch den jetzigen unbedingt durchrutschen würden. – –

15

Und trotzdem ist die Magerkeit mein Lebensretter, denn wie ich einmal in Afrika war bei den Kannibalen, da hab'n mich die Menschenfresser erwischt und hab'n mich braten wollen, dann hab'n s'a Feuer g'macht und hab'n mich ausgezogen – wie mich die ausgezogen g'sehn hab'n, sind s' alle davongelaufen weil's denen g'raust hat vor mir und mein Leben war gerettet.

Komische Sprachspiele

Das Aquarium

Eine botanozoologische Viecherei von Karl Valentin

Weil wir gerade von einem Aquarium reden: ich hab' nämlich früher in der Sendlingerstraße gewohnt. Das heißt, nicht
in der Sendlingerstraße, das wäre ja lächersam – in der Sendlingerstraße könnte man ja gar nicht wohnen, weil immer die
Straßenbahn durchfährt. Also, in den Häusern der Sendlingerstraße habe ich gewohnt. Nicht in allen, nur in einem davon. In dem, das zwischen den anderen so drinsteckt, ich
weiß nicht, ob Sie das Haus kennen. Und da wohne ich. Aber
nicht im ganzen Haus, sondern nur im ersten Stock. Der ist
unterm zweiten Stock und da geht in den zweiten Stock eine
Treppe hinauf. Das heißt – sie geht schon auch wieder herunter, vielmehr wir, nicht die Treppe, gehen hinauf, man sagt ja
nur so.

Und da habe ich in dem Wohnzimmer, wo ich schlafe (ich
habe extra ein Wohnzimmer, in dem ich schlafe, und im
Schlafzimmer wohne ich), also da habe ich zu meinem Privat-
vergnügen ein Aquarium. Das steht so in der Ecke drin. Ich
hätte ja so ein rundes Aquarium auch haben können, dann
wäre aber die Ecke nicht ausgefüllt.

Das Aquarium hat ringsherum vier Glaswände, und unten
hat es einen Boden, der das Wasser hält. Wenn Sie nämlich
oben Wasser hineinschütten würden, und der Boden wäre
nicht da, da könnten Sie ja oben zehn, zwanzig oder sogar
dreißig Liter hineinschütten – das würde alles wieder unten
hinauslaufen. Bei einem Vogelkäfig sind die Wände auch so
ähnlich wie bei einem Aquarium, aber da ist alles ganz anders. Da sind die Wände nicht aus Glas, sondern aus Draht.
Es wäre ja auch ein Riesenunsinn, wenn's beim Aquarium
ebenso wäre, weil das Aquarium das Wasser nicht halten
könnte. Da liefe ja das Wasser immer neben dem Draht heraus. Drum ist eben alles von der Natur so wunderbar eingerichtet.

Ja, und ich habe eben in meinem Aquarium Goldfische,

und in meinem Vogelkäfig hab' ich einen Vogel. Jetzt hat mich neulich mal die Dummheit geplagt, da hab' ich die Goldfische ins Vogelhaus getan und den Kanarienvogel ins Aquarium! Natürlich sind die Goldfische im Käfig immer wieder von der Sitzstange runtergerutscht, und der Kanarienvogel wäre mir im Aquarium bald ersoffen. Dann hab' ich die Sache wieder richtiggestellt, und nun sind die Fische wieder lustig im Aquarium geschwommen, erst links, dann rechts, dann hinunter, dann wieder hinauf – die schwimmen fast jeden Tag anders.

Vorgestern ist mir ein Malheur passiert. Die Fische brauchten Wasser, und ich hab' einen Wassereimer voll nachgefüllt. Und nun ist das Wasser zwei Zentimeter hoch übers Aquarium hinausgestanden. Das hab' ich aber erst am andern Tag gemerkt, und ein Goldfisch ist über den Rand geschwommen und auf den Fußboden hinuntergefallen, weil wir in dem Zimmer, wo das Aquarium steht, einen Fußboden haben. Nun hat aber der Fisch am Boden kein Wasser gehabt, weil wir so, außer im Aquarium, kein Wasser im Zimmer haben. Da hab' ich den Fisch aufheben und wieder ins Aquarium zurücktun wollen, aber der Fisch war so glatt und ist mir immer wieder aus der Hand geglitscht. Ja, wenn er aus Eisen wäre, dann hätte ich einen Magnet genommen, und die Sache wäre erledigt gewesen. Aber es ist ja wieder von der Natur so schön eingerichtet, daß die Fische nicht aus Eisen sind, sonst könnten sie ja erstens nicht schwimmen, und zweitens könnte man sie ja dann nicht essen.

Also, den Fisch, der da am Boden lag, den hätte ich nie gegessen! Erstens würde ich von einem Fisch nicht satt werden, und wenn ich die anderen auch alle essen täte, dann wäre ja das Aquarium leer! Ess' ich die Fische wirklich und verkaufe das leere Aquarium – hat der andere das Aquarium, und ich hab' die Fische.

Verkaufe ich die Fische – hat der andere die Fische und ich das leere Aquarium. Verkauf' ich das Aquarium mit den Fischen – so wird das ein Transport, der einen zur Verzweiflung bringt. Denn geht man schnell mit dem fischgefüllten Aquarium, dann schwabbelt immer das Wasser raus und die Fische werden seekrank. Geht man langsam, macht man drei Stundenkilometer! Trägt man die Fische extra und das Aquarium auch extra – werden die Fische kaputt.

Kauft mir der andere nur das Aquarium ab, dann kann er zwar das Aquarium schnell heimtragen, aber er hat keine Fische dazu. Kauft er mir das Aquarium nicht ab und die Fische auch nicht – hat er gar nichts. Und das ist das einzig Richtige. Denn lieber gar nichts, als ein Aquarium, aus dem ein Fisch herausgestürzt ist, und der dann am Boden liegt, und den man nicht aufheben kann. Nicht, weil er so schwer, nein, weil er so glatt ist, wie ein Fisch!

Natürlich wäre der Fisch auf dem Fußboden bald hingewesen. Ich wollte ihn mit einem Browning erschießen, aber die Schießerei war mir zu unsicher, ich nahm den Fisch und warf ihn in die Isar, und er ertrank.

Gott sei Dank!

Der halberzählte Witz

Da muß ich Ihnen noch schnell einen Witz erzählen. Den hat mir nämlich gestern ein Herr erzählt. – Ein guter Bekannter. Da ist Ecke Stieglmaierplatz und Zweibrückenstraße ein Herr – nein, – ein Mann – nein, – ein Herr – jetzt weiß ich nicht mehr genau, war's ein Herr oder war's ein Mann – nein, Herrmann hat er g'heißen! Der hätte in die Trambahn einsteigen wolln, der Trambahnschaffner hat ihn aber nicht einsteigen lassen, weil der Herr einen kleinen Hund dabei ghabt hat. Ja – hat sich der Herr gedacht, wenn ich mit dem Hund nicht in die Trambahn hinein darf, dann bleibt mir nichts anderes über, als daß ich zu Fuß gehe. Nun, der Herr ist auch gegangen bis zum Stachus hinaus – die Trambahn hat er weiterfahren lassen, weil die so wie so weiter g'fahrn wär. Und der Herr hat sich am Stachus drauß beim Nornenbrunnen auf die steinerne Bank gesetzt und sein Hund, mit dem er nicht in die Trambahn durfte, hat sich unter die Bank gesetzt. Also, der Herr oben, der Hund unter der Bank – weil's oder wie's so ghört.

Visavis stand ein Schutzmann, der hat dies gesehen, daß der Herr sich mit dem Hund dahin gesetzt hat....... *(lange Pause)*...... Jetzt bin ich neugierig, wie der Witz endet, ... denn bis daher hat mir mein Freund den Witz bloß erzählt –.....

Der verlorne Brillantring

(Diese Nummer erfordert eine eigene Vortragsweise um zur Wirkung zu kommen.)

Trotzdem dass ich 2 Jahre beim Militär gedient habe, habe ich vor 8 Tag meinen Brillantring verloren.

Den Ring kann ich halt gar nicht vergessen, denn jedesmal wenn ich daher schau, wo ich immer hing'schaut hab, muss ich gleich wegschaun.

Also der Ring war einzig, – – erstens schon aus dem Grund, weil ich blos den einzigen g'habt hab. – – – Ein Feuer hat der Ring g'habt, – – – wegen dem Ring ist schon a paar mal d'Feuerwehr ausgerückt.

Blitzt hat der Ring, wie der Blitz, dem Ring hat bloß mehr das Donne[r]n gefehlt, dann wärs direkt ein Donnerwetterring gewesen – – – Einer hat so einmal zu mir g'sagt »Donnerwetter hab'n Sie an schönen Ring«.

Wie das gegangen ist, dass ich den Ring verloren hab, ist mir heut noch ein Rätsel, – – denn 8 Tag vorher hab ich ihn doch noch g'habt, – also hat der Ring 8 Tag gebraucht, bis er verloren gegangen ist.

Mir liegt ja weniger an dem Ring, aber was tu ich jetzt mit dem blausammt'nem Etwie, da hat der Ring so schön neipaßt, wer weiss ob ich wieder so einen Ring krieg, der wo so schön da nein paßt, wie der.

Aber mei, jetzt ist er schon fort, jetzt kann man's nicht mehr ändern, das heisst, einmal hab ich'n schon ändern lassen, beim Goldarbeiter, da hab ich den Ring weiter machen lassen, weil er mir immer so vom Finger runterg'fallen is, der Goldarbeiter hat'n aber gleich wieder so weit g'macht, dass'n mei Frau als Armreif trag'n hat können. Durch das ist er dann verloren gegangen.

Wissen Sie, ich hätt den Ring schon wieder bekommen, wenn ich gleich eine Annonce aufgegeben hätt' in der Zeitung, aber jetzt is's auch schon wieder 8 Tag her, jetzt weiss ich nicht mehr genau, wie der Ring ausg'schaut hat, ich weiss bloß noch, dass er in der Mitt a Loch g'habt hat, wo man den Finger durchsteckt, und dass er 50 Mark kost hat, aber mein Gott solche Ring gibt's halt mehr auf der Welt. Eigentlich bin ich ja froh, dass ich den Ring verloren hab, wie leicht hätt's sein können, dass er mir einmal g'stohln worden wär.

Ja, der Ring liegt mir heut noch am Herzen, nicht in Wirklichkeit, sondern man sagt eben so, denn wenn er mir in Wirklichkeit am Herzen liegen tät, dann wüsst ich ja wo er wär, dann ging ich in d'Klinik hinaus, und liess mich operieren, dann hätt man gleich wieder, aber schliesslich kost die Operation 200 Mark, dann zahl ich 150 Mark drauf, um das Geld krieg ich schon wieder 3 neue Ring und brauch die Schmerzen nicht aushalten.

Aber ich lass'n doch noch ausschreib'n in der Zeitung, vielleicht hilft's doch, – – ja, ob aber der grad die Zeitung liest, der wo den Ring g'funden hat, das ist die Frage, – – und dem extra schreiben, er soll so freundlich sein und soll die Zeitung lesen, wo das drinn steht, das kann ich nicht, weil ich nicht weiss wo er wohnt, der wo'n g'funden hat.

Vielleicht wohnt er im Ringhotel.

Im Gärtner-Theater

Ich weiß nicht mehr genau, war das gestern, oder war's im vierten Stock oben, da bin ich mit meiner Mutter ins Gärtnertheater gegangen. Wir haben zwei Billetten gehabt, und mit diesen *zwei* Billetten sind wir zu *einer* Vorstellung gegangen. – Wir hätten uns zuerst bald nicht 'nein getraut, weil wir geglaubt haben, ins Gärtnertheater dürfen nur die Gärtner hinein, wir haben aber vorsichtshalber in einem Auskunftsbureau telephonisch ang'fragt, und da hat's dann g'heißen »Ja«, dann waren wir wenigstens sicher, daß wir uns nicht umsonst angezogen haben – weil wir angezogen ins Theater 'nein gegangen wären. – Kaum sind wir d'rinn gesessen, is no lang net angegangen, ja ham wir uns gedacht, jetzt wart'n wir schon bis es angeht, wenn wir schon positiv das Theaterstück sehen wollen, denn wegen dem Theaterstück sind wir hauptsächlich hineingegangen. No, wie wir so a halbe Stund d'rinnsitzen, auf einmal – gehts noch nicht an; ja, ham wir uns gedacht, wir zahl'n doch nicht für's »no net angehn«. Auf einmal sind die Musiker 'rein gekommen, die ham sich gleich vorn an die Bühne hing'setzt, daß ja alles recht gut sehn und hörn, die andern Leut, wo zahl'n und 's Jahr vielleicht einmal ins Theater 'nein kommen, die dürfen sich hint' hinsetzen. – Endlich is dann 's Theaterstück selbst angegangen, jetzt das hat uns eigentlich weniger int'ressiert, weil's uns da Vater zu Haus schon erzählt hat, gehn hab'n wir auch nicht gleich woll'n, wenn wir schon extra deswegen hergegangen sind. – Nach dem ersten Akt ist eine Pause gekommen, während der Pause ham's überhaupt nicht g'spielt, da is da Vorhang runter gangen, dann ham wir nicht mehr g'sehn, wie's droben weiter spiel'n. Jetzt hab'n uns ich und mei' Mutter gedacht, jetzt könnten wir eigentlich in' Erfrischungsraum 'naufgehn, weil's uns so heiß war; no wir sind 'naufgegangen, da hab'n wir uns gar nicht auskennt droben, da hat's Flaschenbier geben, Schokoladebonbons, belegte Brötchen und lauter so Zeugs, und ich und mei' Mutter, wir haben uns den Erfrischungsraum so wie

a Brausebad vorgestellt. – No dann sind wir wieder 'nunter-
gegangen auf unsere Plätz, ins Parkett, da is' uns beim nächsten Akt was Dumm's passiert, da hab'n wir sehn woll'n, ob
auf der Bühne ein Teppich liegt, drum sind wir aufgestanden
von unsere Sitz, derweil schrei'ns hinter uns »setzen«; wie
wir uns niedersetzen woll'n, haben wir keine Sessel mehr,
hab'ns uns in diesem Moment d'Sessel g'stohlen. Jetzt hab'n
uns ich und mei' Mutter, bis der Akt aus war, in der Knie-
beuge so hinbuck'ln müssen, wissens wie uns d'Haxn weh
getan haben; erst wie da Akt gar gewesen ist und wie das
Theater heller wurde, sind wir auch heller wor'n, da sind wir
d'rauf gekommen, daß die Sitz bloß so 'naufgeschnappt sind.
– Nach dem vierten Akt war's dann beim Schluß gar, jetzt
hat's uns erst int'ressiert, wie das Theaterstück heißt, wo wir
grad g'sehen hab'n. Wir hab'n schon an Theaterzettel dabei
g'habt, aber einen alten, vom Hoftheater, aus Lohengrün,
den hab'n wir uns nur mitgenommen, daß wir uns im Gärtnertheater nicht extra einen kaufen müssen, d'rum hat nix
g'stimmt d'rauf, weil das Stück wo wir grad g'sehen haben,
hat der Herr neben uns g'sagt, heißt »Bruder Straubinger«. –
– Drum ist auch kein Schwan daher gekommen, anstatt dem
Schwan is' eben dann der Bruder komma, da Straubinger. –
Wir wär'n dann schon noch sitzen geblieben, aber die andern
Leut sind schon alle drauß' gewesen, haben wir uns denkt,
geh'n wir auch, und weil wir so müd war'n, wär'n wir gleich
gefahren, weil grad wie wir zum Theater 'naus sind, is a Auto
drauß' g'standen – drauß' gestanden sind ja mehr, jetzt wir
wär'n bloß mit einem gefahr'n weil wir nicht mehr Geld dabei
gehabt haben. – Wie wir an das Auto hinkommen, fragt der
Chauffeur, wo wir hinfahren woll'n – da sind wir nicht gefahren, grad weil er so neugierig gewesen ist, und zweitens hätt'
sich's Fahren bei uns so nicht recht rentiert, weil wir vis-à-vis
vom Theater wohnen. – Dann sind wir heim und ins Bett
gegangen, d. h. nicht gegangen, sondern neingestiegen, weil
wir vom Zimmer bis zum Bett haben wir nicht gar so weit
zum gehen. – Wir haben die ganze Nacht geschlafen, wie wir
in der Früh aufwachen, hat uns die ganze Nacht vom Thea-

terstück geträumt, ham wir das ganze Theaterstück im Bett
geseh'n, wissens wie uns das Geld gereut hat für die zwei Billetten, wir haben uns aber verschworen, daß wir nie mehr ins
Gärtnertheater gehen, außer wir sind am Tag vorher im Bett
gelegen.

Der Weltuntergang

(Sehr schnell zu sprechen.)

Gestern nachmittags um 9 Uhr sitz ich im Restaurant »zur
verfaulten Blutorange« und weil ich am Tag vorher meine
goldene Uhr zum Konditor trag'n hab', zum reparieren, hab'
ich einen solchen Heißhunger kriegt, daß ich mir zwei Portionen Senftgefrorenes und an g'sott'nen Radi als Abendessen
zum Frühstück bestellt hab'. Nachdem ich aber Hausbesitzer
bin und in jeder Wochnung eine wanzenreiche Familie hab',
hab' ich trotz meines 87jährigen Halsleidens mit den Kindern
von mei'm Nachbarn »Fürchtet ihr den weißen Mann« ge-
spielt. Im selben Moment haute der Photograph im Rückge-
bäude 's Fenster ein. I laß in der Angst an Zitherlehrer komma,
und der gemeine Kerl von einer Kellnerin behaupt't, sie hätt'
im Eiskasten scho' Feuer g'macht; währenddem mein jüngster
Sohn sich mit dem Magneteisen d'Hühneraugen aus'm Ellbo-
gen herauszieht, hab'ns in der Volksküche a Staudn Nißlsalat
mit dem neuen Trambahntarif verwechselt, der Bürgermeister will im hintern Anhängewagen vom Telephonautomat
einsteig'n, kann aber leider nicht schwimmen und stößt mit
seiner Battikkrawatte a Loch in a neugebackene Schlag-
rahmtorte. In der Verwirrung führt der Turmwächter von
St. Emeram einen Bismarckhäring in's Hundebad, der Nürn-
berger Schnellzug is in's Nymphenburger Trambahngeleis
neig'fahrn; sämtliche Droschkenkutscher von München sind
zum Beichten ganga und wenn nicht zufälligerweis' auf dem

Wendelstein drob'n ein Schutzmann seinen Wecker ablaufen läßt, verlangt die Obsthausiererin für zwei Pfund Kinderhemden einen Freundschaftskuß. Trotz allen Bemühungen, auf der rechten Kuppel des Frauenkirchturmes ein Männerfreibad für Damen zu errichten, bleibt die Kanzlei vom Brunnenbuaberl vorläufig geschlossen, und auf allgemeinen Wunsch wird unter Kindern mit zehn Jahren die Zuchthausstrafe auf lebenslänglich abgeschafft. Sollten dagegen die Münchner Schlittschuhläufer wegen dem eingetretenen Weißbrotmangel vor Ablauf vorigen Jahres ihre Schlittschuhe nicht doppeln lassen, so sind auf Kosten des Fremdenverkehrs starke, gewitterartige Niederschläge zu erwarten. Leider aber hat sich der Bürgermeister im Finstern verlaufen, weil am Zeppelin-Luftschiff keine Hausnummer dort war; er läßt unglücklicherweise die Türe auf und im Zeitraum von fünf Minuten sind ihm schon 40 Mitesser auskemma. Er läuft ihnen nach, stolpert mit die Gummischuh' über der Frau ihre Giselafransen und schreit: »Wer will unter die Soldaten?« Alles war vergeben und vergessen, sei' Frau hat ihre Krampfadern als Ringelnattern verkauft, die Köchin hat sich verlobt mit'm Papagei, der Hausherr hat sich mit de Hypotheken gurgelt und in der Maikäferschachtel is die Maul- und Klauenseuche ausbrocha. »Wehe, wehe«, sprach der Oberlehrer von der Gasanstalt: »Richtet nicht, sonst werdet Ihr gerichtet«. Da öffneten sich die Wolken und mit blinzelnden Augen treten 18 Packträger hervor und verkündeten das Ende der Welt. Links und rechts stehen je vier goldene Jungfrauen mit Semmelbrösel bepappt und hielten ein vernickeltes Butterbrot in der Hand. Die Luft zitterte wie Schweinssulz, die Erde wühlte sich auf, die Vesuve speiten Honig und Sauerkraut. Nacht- und Tageulen, Junikäfer und Lämmergeier schwirrten gespensterhaft auf dem Fußboden umher, panikartig zerplatzte ein alter Leberkäs und am Ende des Vortrags trat plötzlich der Schluß ein.

Zwangsvorstellungen

Woher die leeren Theater? Nur durch das Ausbleiben des Publikums. Schuld daran – nur der Staat. Warum wird kein Theaterzwang eingeführt? Wenn jeder Mensch in das Theater gehen *muß*, wird die Sache gleich anders. Warum ist der Schulzwang eingeführt? Kein Schüler würde die Schule besuchen, wenn er nicht müßte. Beim Theater, wenn es auch nicht leicht ist, würde sich das unschwer ebenfalls doch vielleicht auch einführen lassen. Der gute Wille und die Pflicht bringen alles zustande.

Ist das Theater nicht auch Schule, Fragezeichen!

Schon bei den Kindern könnte man beginnen mit dem Theaterzwang. Das Repertoire eines Kindertheaters wäre sicherlich nur auf Märchen aufgebaut, wie Hänsel und Gretel, der Wolf und die sieben Schneewittchen.

In der Großstadt sind 100 Schulen, jede Schule hat 1000 Kinder, das sind 100 000 Kinder pro Tag. Diese 100 000 Kinder jeden Tag vormittag in die Schule, jeden Nachmittag ins Theater – Eintritt pro Kinderperson 50 Pfennig, natürlich auf Staatskosten, das sind 100 Theater je 1000 Sitzplätze. Also per Theater 500 *RM* – sind 50 000 *RM* bei 100 Theatern.

Wieviel Schauspielern wäre hier Arbeitsgelegenheit geboten? Der Theaterzwang bezirksweise eingeführt, würde das ganze Wirtschaftsleben neu beleben. Es ist absolut nicht einerlei, wenn ich sage: Soll ich heute ins Theater gehen, oder wenn es heißt: Ich muß heute ins Theater gehen. Durch diese Theaterpflicht läßt der betreffende Staatsbürger freiwillig alle anderen stupiden Abendunterhaltungen fahren, wie Kegelschieben, Tarocken, Biertischpolitik, Rendezvous, ferner die zeitraubenden blöden Gesellschaftsspiele: »Fürchtet ihr den schwarzen Mann«, »Schneider, leih mir deine Frau« usw.

Der Staatsbürger weiß, daß er ins Theater muß – er braucht sich kein Stück mehr herauszusuchen, er hat keinen Zweifel darüber, soll ich mir heute Tristan und Isolde anschauen – nein, er muß sich's anschauen – denn es ist seine Pflicht.

Er ist gezwungen, 365 mal im Jahre ins Theater zu gehen, ob es ihm nun vor dem Theater graust oder nicht. Einem Schüler graust es auch, in die Schule zu gehen, aber er geht gern hinein, weil er muß. – Zwang! – Nur durch Zwang ist heute unser Theaterpublikum zum Theaterbesuch zu zwingen. Mit guten Worten haben wir jetzt Jahrzehnte hindurch wenig Erfolg gehabt. Die verlockendsten Anpreisungen, wie: Geheizter Zuschauerraum – oder: Während der Pause Rauchen im Freien gestattet – oder: Studenten und Militär vom General abwärts halbe Preise; alle diese Begünstigungen haben die Theater nicht füllen können. – Die Reklame, die bei einem großen Theater jährlich Hunderte von Mark verschlingt, fällt bei dem Theaterzwang gänzlich weg. – Ebenfalls auch die Preise der Plätze; denn die Plätze werden nicht mehr nach Standesunterschieden, sondern nach den Schwächen und Gebrechen der Theaterbesucher eingeteilt.

1.–5. Parkettreihe: Die Schwerhörigen und Kurzsichtigen,

6.–10. Parkettreihe: Die Hypochonder und Neurastheniker,

10.–15. Parkettreihe: Die Haut- und Gemütskranken,

sämtliche Rang- und Galerieplätze stehen den Asthmatikern und Gichtleidenden zur Verfügung.

Auf eine Stadt wie Berlin kämen also – ausgenommen die Säuglinge und Kinder unter 8 Jahren, Bettlägerige und Greise – täglich rund 2 Millionen Theaterbesuchspflichtige, eine Zahl, die die jetzige Theaterbesucherzahl der Freiwilligen weit überschreitet.

Man hat ja mit der Freiwilligen Feuerwehr ebenfalls bittere Erfahrungen gemacht – und nach langer Zeit nun eingesehen, daß es heute ohne Pflichtfeuerwehr nicht geht.

Warum geht es also bei der Feuerwehr und nicht beim Theater?

Gerade Feuerwehr und Theater sind heute so innig miteinander verbunden – ich habe in meiner langjährigen Bühnenpraxis hinter den Kulissen noch nie ein Theaterstück ohne Feuerwehrmann gesehen.

Sollte die vorgeschlagene »Allgemeine Theaterbesuchspflicht«, genannt »ATBPF«, zur Einführung kommen und, wie oben erwähnt, täglich zwei Millionen Personen in das Theater zwingen, so müssen in einer Stadt wie Berlin 20 Theater mit je 100000 Plätzen zur Verfügung stehen. Oder 40 Theater mit je 50000 Plätzen – oder 160 Theater mit je 12500 Plätzen – oder 320 Theater mit je 6250 Plätzen – oder 640 Theater mit 3125 Plätzen – oder 2 Millionen Theater mit je 1 Platz.

Was aber dann für eine famose Stimmung in einem vollbesetzten Hause mit, sagen wir, 50000 Besuchern herrscht, weiß nur jeder Darsteller selbst. Nur durch solche eminente Machtmittel kann man den leeren Häusern auf die Füße helfen, nicht durch Freikarten – nein – nur durch Zwang – und zwingen kann den Staatsbürger nur der Staat!

Allerhand Sport....

Ein Mann, Doppelgänger von Beruf, Kamin (kam in) eine baumarme Waldgegend, um elektrischen Strom zu kaufen. An der Haustüre einer alten Sandgrube blieb er verdrossen stehen und ging heiteren Mutes seiner Wege weiter. Es war ein sonniger kinderreicher Frühlingstag und selten fuhr kein Auto hinter dem andern. Trotzdem in der ganzen Gegend kein Haus zu erblicken war, stand mitten in dieser Kleinstadt ein Kino, welches sehr schlecht besetzt war – ein Mensch saß drin – die Besitzerin selbst. Ein bildschönes Mädchen von 26 Jahren. Ihr Mann lernte sie einmal kennen, das war das einzige, was dieser Mann in seinem Leben gelernt hatte. Er führte das Mädchen in die nächstliegende Kirche (nächststehende) und ließ sich dort hochzeiten. Über der unbewölkten Einöde und am nahen Dorfbrunnen spielten alte Schulkinder mit Schneider und Scheren und pflückten aus Übermut Trinkwasser. Nach der Trauung begaben sich beide sofort auf den Sportplatz und spielten Fußball, nach dem alten

Grundsatz: Zuerst der Sport und dann die Liebe. Und wer den Sport und das Turnen liebt, der fördert seinen Haarwuchs, denn schon der alte Sport- und Turnvater Jahn soll einen mächtigen Vollbart gehabt haben. – Also betreibet alle den Sport, denn Sport ist Leben – und Leben ist schwer. Genau so schwer ist es, wenn man während des Sitzens aufsteht und erst dann gehen will, wenn man sich niedergelegt hat.

Wie waren doch schon unsere Vorfahren durch den Sport gestärkt. Der Riese Goliath (wohnhaft Löwengrube, Hausnummer ?) hat 1000 Jahre alte Eichenbäume mit Daumen und Zeigefinger aus dem Erdboden gerissen, den zugefrorenen Nil stieß er mit der blanken Fußsohle bis auf den Meeresgrund durch. Zeppeline und Aeroplane fing er mit der Hand wie Schmetterlinge – Riesenschlangen nahm er als Selbstbinder her und die größten Kirchtürme benützte er als Zahnstocher. Kurzum er hatte »Kraft und Schönheit« in sechs Akten. Aber daß sich Sport und Schicksal ohnedies die Hand geben, liegt klar auf der Hand. Beispiele: Ein Hochtourist bestieg zehnmal den Montblanc, ohne jeden Schaden zu erleiden, jedoch beim Anblick eines Steuerzettels wurde er ohnmächtig und mußte minutenlang das Bett hüten.

Ein anderer Fall: Dem bekannten Rekordschwimmer M. Sxdnhpfdb wurde kurz vor Beginn seines geplanten sechzigstündigen Rückenschwimmens ohne jeden Grund seine Badehose gestohlen. Aus diesem Anlaß mußte die Veranstaltung, bei der unzählige Menschenmassen als Zuschauer erschienen waren, abgesagt werden. – Der berühmte Fußballtourist Johann Wacker soll seine Siege nur durch eigenes Verschulden gemacht haben. Somit sieht man, daß Sport und Schicksal zwei eng ineinander greifende Begriffe sind. Am meisten davon berührt ist die Turnerei. (Eigene Schutzmarke F. F. F. F.)

Frisch – Fromm – Fröhlich – Frei. Es ist kindisch, wenn ich mir erlaube, zu berichten, daß ich mir als junges Kind dieses Turner-Symbol-Zeichen ganz anders erklärt habe, als es in Wirklichkeit ist. Ich glaubte, jeder Turner muß vor dem Turnen ein Bad nehmen, daß er frisch wird. Hierauf muß er in die

Kirche gehen, daß er fromm wird. Dann muß er einige Maß Bier trinken, daß er fröhlich wird, und dann muß er sich von seiner Frau scheiden lassen, daß er frei wird. Dann ist er F. F. F. F. –

Man sieht also, daß man sich als Kind schon falsche Vorstellungen vorstellt, die man im Alter nie verantworten, höchstens verwerten kann....

Neues vom Starnberger See

Fünf Meter von Starnberg abwärts liegt der Starnberger See. Am linken Ufer des Sees liegt eine »Leoni«, kurz genannt Leoni. Wie in Neuyork, so landen auch hier stündlich Dampfschiffe. Mit den Dampfschiffen nehmen alltäglich die Starnberger Dampfschiffseerundfahrten ihren werten Anfang. Die Rundreisebilletten auf den Dampfern sind aus Pappkarton, und wenn es regnet, ist meistens während der Fahrt die Aussicht auf das bayerische Gebirge wegen schlechter Aussicht nicht zu sehen. Der Starnberger See selbst ist melancholisch, was bei anderen Seen stets meistens auch immer hie und da sehr oft der Fall ist. Einer alten Sage nach aus dem Jahre 1925 sollen sich vom Undosabad aus vorigen Sommer aus unbekannten Ursachen Tausende von Menschen in den See gestürzt haben; dieselben konnten sich aber Dank ihrer guten Schwimmkenntnisse alle selbst aus den Wellen befreien. Im selben Jahre ereignete sich auch noch ein anderer bedauernswerter Unfall. Ein Mann stieß mit dem Ruderboot, ungefähr 50 Meter vom Ufer entfernt, an eine grüne Schlingpflanze, sogenannte Wasserrose, an, das Schiff kippte um und im Handumdrehen fiel der Mann in das in der Nähe befindliche Wasser. Breit und weit kein Mensch, der dem Ärmsten Hilfe bringen konnte, trotzdem er fortwährend um Hilfe schrie. Zufälligerweise kam ein Briefbote daher und bemerkte die Hilferufe des um Hilfe Schreienden. Statt nun wacker (nicht identisch mit Fußballklub Wacker) ans Rettungswerk zu schreiten, rief der hartherzige Briefträger dem Ertrinkenden die nicht minder harten Worte zu: »Ich kann Ihnen leider nicht helfen, da ich selbst nicht schwimmen kann, aber ich kann Ihnen die Adresse eines guten Schwimmlehrers mitteilen!«

Jeder Mensch ohne Ausnahme soll also in der heutigen Zeit schwimmen lernen, das finde ich unbedingt notwendig, damit er einen nicht Schwimmenkönnenden jederzeit aus dem Wasser retten kann. Aber eigentlich ist es auch wieder zwecklos, denn wenn jeder Mensch einmal schwimmen kann, braucht man ja keinen mehr retten. Also wäre es angebracht, daß jeder, der schwimmen kann, dasselbe sofort wieder verlernen soll. Ein weiterer Sport außer dem Ertrinken ist das sogenannte Fischen von lebenden Fischen. Daß die Fische gefangen werden müssen, leuchtet jedem ein, und das ist auch klar. Wäre im Starnberger See z. B. seit Gründung, oder besser gesagt seit dem vieltausendjährigen Bestehen desselben noch nie ein Fisch gefangen worden, so hätten sich diese Fische seit diesen Jahrtausenden so vermehrt, daß vielleicht mehr Fische im See wären als Wasser. Die Folge davon wäre, daß die Fische vor lauter Fischen nicht mehr schwimmen könnten, zu wenig Wasser hätten und daher nicht mehr existieren könnten. Nachdem aber im Starnberger See viel Wasser ist, bleibt die Frage offen, ob tatsächlich schon so viel Fische gefangen worden sind. Eine Kontrolle hierüber käme jetzt natürlich zu nachträglich. Das Fischen mit der Angel ist von vielen Seiten als Tierquälerei empfunden worden, hauptsächlich vom Fisch selbst. Einen Dieb fängt man ja auch nicht mit der Angel, sondern eben aus Humanität mit List und Schlauheit. Stellen wir uns einmal einen Schutzmann vor, der mit der Angel einen Dieb fangen will; der Schutzmann geht mit der Angel in eine Wirtschaft, in der er den Dieb vermutet, befestigt an dem spitzen Angelhaken ein Stück Schweinsbraten, hält diesen dem Dieb vor die Nase, der Dieb beißt an, und schon hat er den Haken in der Oberlippe. Das wäre eine Grausamkeit. Ist es bei einem Fischlein keine Grausamkeit?

Eigentlich noch mehr, denn der Fisch ist ja unschuldig, weil er nichts gestohlen hat.

Über die Tiefe des Starnberger Sees gehen die Ansichten weit auseinander. Einige behaupten, er sei tiefer als lang, andere sagen, er sei länger als tief. Fachmännisch wurde genau berechnet, daß er tief, seicht, lang, kurz, schmal und breit zu gleicher Zeit ist. Die Tragkraft des Wassers wurde erst kürzlich von Ingenieuren geprüft, und dabei die erfreuliche Tatsache festgestellt, daß die irrige bisherige Meinung »je tiefer das Wasser, desto mehr Tragkraft« nicht richtig ist. Eine Probe brachte den sicheren Beweis. Während ein faustgroßer Stein in der Mitte des Sees, also an der tiefsten Stelle rapid unterging, blieb ein ebenso großer Gummiball an der seichtesten Stelle auf der Wasserfläche liegen. Ob dieses Experiment eine Tragweite für die Zukunft bedeutet, wird uns die Zukunft beweisen. Jedenfalls ersieht man daraus das fortwährende wissenschaftliche Tasten nach Problemen. Auf alle Fälle steht fest, daß, je weiter sämtliche Ufer eines Sees von einander entfernt sind, desto größer sich also die Wasserfläche gestaltet. Ein See ohne Ufer wäre daher kein See mehr, denn einen uferlosen See hat es bis heute noch nicht gegeben. Dasselbe gilt auch für den Ammersee.

Geschichtliches ist vom Starnberger See nur noch zu berichten, daß der damalige bayerische Herzog der Pfiffige einen Antrag des Starnberger Bürgermeisters: »Errichtung einer Handelsflotte auf dem Starnberger See« schnöde abwies. Die heutigen noch existierenden Starnberger See-Salondampfer können nur noch in den Augen der Firmlinge »Gewaltiges« auslösen, denn für Weltreisende bedeuten dieselben nur mehr ein Lustspiel auf offener See. »Bei schönem Wetter«, sagt der kleine Maxl, »ist es auf dem Starnberger See herrlich, regnet es aber, so wird der See naß.« Über Starnberg selbst ist wenig zu berichten. Starnberg hat seinen eigenen Reiz und seinen eigenen Bahnhof, in welchem unsere neuen elektrischen Schnellzüge stehen. Bei den elektrischen Schnellzügen, die einen Gipfel der deutschen modernen Technik darstellen, haben sich die alten Gasfunseln (aus dem Jahre

34

1880 ungefähr) so gut bewährt, daß dieselben jetzt in den modernen Münchner Straßenbahnwagen statt der elektrischen Glühlampen eingeführt werden sollen. In Starnberg sind jetzt schon viele Fremde zu sehen, die aus München geflüchtet sind, wegen den unaufhörlichen chronischen Straßenbauarbeiten.

Soweit wäre über Starnberg alles berichtet. Nächsten Sonntag nachmittag um halb 21 Uhr findet im Starnberger See ein Karpfenrennen statt, mit darauffolgendem Brillantfeuerwerk. Zwölf zehnpfündige dressierte Karpfen schwimmen mit Motorboot und Musikbegleitung von Starnberg nach Seeshaupt; während dem Rennen ist der See für Fußgänger gesperrt.

Karl Valentins Olympia-Besuch 1936

»Hier sitz ich alleine und spähe umher
und lausche hinauf und hernieder«,

so heißt es in dem alten Lied: »An der Weser«.

So ähnlich erging es mir, als ich allein im Olympia-Stadion saß. – Wie kam es, fragte ich mich selbst, daß ich zur Olympiade zu spät kam?? – Ich blieb mir die Antwort nicht schuldig: »Ihr Leichtsinn ist daran schuld!« erscholl es von meinen Lippen. (Ihr bedeutet ich selbst.) Denn aus Eigentrotz sage ich selbst zu mir nicht »Du«, sondern »Sie«, weil man da vor sich selber vielmehr Respekt hat, als mit der Duzerei. – Nur *einen Tag* zu spät und dennoch zu spät! – O, Herr, bewahre mich bei der nächsten Olympiade 1940 vor solchen Etwaigitäten. – Trotzdem ich mich setzte, war es doch entsetzlich, als ich allein dasaß, in einer Hand die verfallene Eintrittskarte, die andere Hand in meiner eigenen Hosentasche. – Um mich herum saß nirgends niemand – das große Schweigen ringsumher war still und lautlos. – Meine einzige Unterhaltung war das »Warten«. Zuerst wartete ich langsam, dann immer schneller und schneller, kein Anfang der Olympischen Spiele ließ sich erblicken, – da endlich von mir ein schriller Blick und meine Augen starrten hinunter zu dem Eingang bei der Kampffläche. – Ich sahte einen kleinen Jemand, der Jemand scheinte mich zu suchen, was diesem auf den ersten Blick gelang. Unsere Pupillen kreuzten sich in der Mitte unserer Entfernung. Ich saß, – sie kam – nur sie allein, die kleine Lisl Karlstadt, klärte mich darüber auf, daß *gestern* der *letzte* olympische Tag gewesen ist. – »Ist das schade!« schrie ich teilnahmserregt in den blauen Äther hinaus – ich schnellte langsam von meinem Sitz empor, flugs verließen wir die Stätte des großen »Gewesenseins«. Freudezerknittert traten wir per Verkehrsmittel die Heimfahrt an in die Stammkneipe am Kurfürstendamm. – Wir Sachsen haben in Berlin einen eigenen Stammtisch, dort kommen täglich alle Münchener zusammen und da wird erzählt, von diesem und jenem, von jenem weniger, dafür öfter von diesem. Ich konnte leider heute zu meinem Bedauern nichts von den Olympischen Spielen erzählen, da ich ja nichts gesehen hatte, – und alle lauschten umsonst.

Der neue Buchhalter

(Der Chef zum neu-angestellten Buchhalter.)
CHEF: Also Herr Maier, Sie beginnen heute Ihre Tätigkeit in meinem Geschäft als Buchhalter.
BUCHHALTER: Jawohl, Herr Meier!
CHEF: Es ist natürlich wieder ein Verhängnis, dass Sie auch Maier heissen, genau wie ich.
BUCHHALTER: Jawohl Herr Meier, aber ich schreibe mich Maier mit *ai* und Sie Herr Meier mit *ei*.
CHEF: Nun ja, aber wie's der Kuckuck haben will, habe ich noch mehrere Meier in meiner Fabrik, und zwar mein Teilhaber, der heisst auch Meyer.

BUCHHALTER: Das ist natürlich tafal – fatal, das muss ja zu Verwechslungen führen!

CHEF: Nein, nein! Verwechslungen gibt es da nicht, denn der Teilhaber schreibt sich ja Meyer mit Ypsilon.

BUCHHALTER: Verzeihung! So, so, dann natürlich nicht.

CHEF: Dann haben wir noch einen weiteren Meier bei uns, und zwar, den Hausmeister, der heisst aber Gott sei Dank Meir, also hinten ohne *e*.

BUCHHALTER: Na fabelhaft! Das ist natürlich kinderleicht, den und die anderen Meier auseinanderzukennen.

CHEF: Na, das will ich nicht sagen, der Hausmeister Meir muss nur sehr prägnant ausgesprochen werden.

BUCHHALTER: Natürlich Herr Meier, also Meir!

CHEF: Das wären also die 4 Meier in meinem Geschäft; nun zu den Kunden und Geschäftsleuten. Da schreiben sich nahezu ein halbes Dutzend ebenfalls wieder Meier in allen Variationen. Merken Sie sich nun, was ich Ihnen sage.

BUCHHALTER: Jawohl, Herr Meier!

CHEF: Also passen Sie auf!, Herr Maier! Unser Holzlieferant heisst Mayer, den können Sie aber mit sich niemals verwechseln, weil Sie sich ja mit *ai* schreiben und der mit *a Ypsilon*.

BUCHHALTER: Aha, also so wie der Hausmeister.

CHEF: Wieso der Hausmeister? Der Hausmeister schreibt sich doch Meir, ohne hinten mit *e*.

BUCHHALTER: Richtig! Hinten ohne mit *e*, ich war jetzt in Gedanken, hinten mit *e*, Verzeihung!

CHEF: Zu aller Fatalität heisst nämlich mein Schwiegersohn auch noch Mejer, aber Mejer mit Jott und dann haben wir noch einen Kunden mit dem Namen Meierer. Um aber Verwechslungen zu vermeiden, ist es das einfachste, Sie merken sich die Schreibweise der vielen Meier.

Also: 1. Meine Wenigkeit Meier   M e i e r geschrieben
Ihre Wenigkeit Maier   M a i e r geschrieben
Mein Teilhaber Herr Meyer   M e y e r geschrieben
Der Hausmeister Meir   M e i r ohne *e* am Schluss

37

Der Holzhändler Mayer	M*ay*er geschrieben
Mein Schwiegersohn Mejer	Me*j*er geschrieben
und mein Kunde Meierer	Meier*er* geschrieben.

So wäre es sehr einfach und jede Verwechslung ausgeschlossen. Dann noch ein wichtiger Punkt. Wenn einer oder der andere Meier ins Geschäft kommt, dann ist es ja leicht für Sie, im Laufe der Zeit die vielen Meier auseinander zu kennen. Sagen wir, der Herr Meier mit i geschrieben, hat ein gestreiftes Taschentuch, der 2. Meier trägt einen schmutzigen Kragen – – –

BUCHHALTER: Wenn er aber einen frischen Kragen trägt?

CHEF: Nun ja, dann erkennen Sie ihn eben an dem frischen Kragen. Kritisch ist die ganze Sache mit den vielen Meiern nur am Telefon, wenn man diese Kerle nicht sieht.

BUCHHALTER: – – – dann einen Fernsehapparat!

CHEF: Ach Fernsehapparat! – So weit sind wir noch nicht. Haben Sie also gut aufgepasst, was ich Ihnen gesagt habe?

BUCHHALTER: Selbstverständlich!

CHEF: Also, wiederholen Sie die Schreibweise der vielen Meier!

BUCHHALTER: Der eine Meier hat vorne ein schmutziges Taschentuch und hinten ein Ypsilon. Der zweite Meier hat hinten das a und vorne reibt er sich mit Jot ein.

CHEF: Sie Idiot sagen alles verkehrt! Was würden Sie tun, wenn die Meier alle plötzlich kämen?

BUCHHALTER: Zusperren und keinen hereinlassen, Herr Meier!

Am Heubod'n

ANNI: Simmerl, Simmerl! wo bist denn?

SIMMERL: Do!

ANNI: Wo?

SIMMERL: Do!

ANNI: I seh Di ja net.

SIMMERL: Desweg'n bin i do da.

ANNI: Ja hörn tua i Di scho', aber seh'gn tua i Di net.

SIMMERL: Ja dös sell ko' i scho' versteh, weilst halt im Finstern nix siehst.

ANNI: Aba warum hört ma nacha im Finstern was?

SIMMERL: Ja warum? Hörst Du ebba jetzt grad was?

ANNI: Freili'! Di hör i.

SIMMERL: Warum grad ausg'rechnet mi?

ANNI: Weil halt sunst wahrscheinli neamand da is.

SIMMERL: Ja woasst Du dös g'wiss?

ANNI: Freili woass i dös g'wiss, sunst tat i do ausser Dir no ebbs hör'n.

SIMMERL: Hörst Du mi denn a wenn i nix red?

ANNI: Sell woas i net, red amal nix, ob i nacha was hör.

SIMMERL: Ja jetzt pass auf, jetzt red i nix – Hast dös jetzt g'hört wia i nix g'redt hab?

ANNI: Ja tadellos – und dös hab i nacha g'hört wiast g'sagt hast »hast dös g'hört wia i nix g'redt hab«?

SIMMERL: So, dös hast g'hört? – Aber des andere net?

ANNI: Was für a anders?

SIMMERL: No ja, wia i nix g'redt hab.

ANNI: Na, zuaghört hab i scho', aber g'hört hab i nix.

SIMMERL: Dös is g'spassig, gell, mit dera Hörerei!

ANNI: Ja, dös is wohl g'spassig. – Du Simmerl! probiern ma dös gleiche mit'n sehn a, statt mit'n horch'n, schaug amal net, ob i Di na seh?

SIMMERL: Ja is scho recht, jetzt schaug i amal net – – jetzt hab i net g'schaut, hast mi' g'sehn?

ANNI: Na!

SIMMERL: Hast mi wirklich net g'sehn?

ANNI: Na g'wiss net, i hab Di ja z'erst a net g'sehn wiest g'schaut hast.

SIMMERL: Was? Da hast mi a net g'sehn?

ANNI: Na!

SIMMERL: Ja wo hast nacha da hing'schaugt?

ANNI: Nirgends.

SIMMERL: Warum hast denn dann nirgends hing'schaut?

ANNI: Ja wo hätt i denn sonst hinschau'n soll'n?

SIMMERL: Ja mei, zu mir her hätt'st schaun soll'n.

ANNI: Im Finstern seh i Di doch net.

SIMMERL: Ja warum net?

ANNI: Wenn Du dös net woasst, wia soll's denn dann i wiss'n? Wo i doch viel dümmer bin als Du.

SIMMERL: Na Anni, dös kannst a net sag'n, mir zwei san scho' gleich dumm, sunst kunnt ma net so saudumm daherred'n.

ANNI: War dös saudumm, was mir jetzt grad gredt ham?

SIMMERL: Na ganz saudumm no net.

ANNI: No net? – Was is denn nacha ganz saudumm?

SIMMERL: Ganz saudumm wär z. B. dös, wenn i zu Dir g'sagt hätt' – Anni! Halt Dir amal d'Ohr'n zua, dann schaug i ob i Di riach.

ANNI: So, dös is ganz saudumm?

SIMMERL: Ja, dös wär ganz saudumm!

ANNI: O mei bin i saudumm, dass i net amal g'wusst hab, was ganz saudumm is.

Im Zoologischen Garten

(mit Tierimitationen, Löwengebrüll, Wolfsgeheul etc. (Schallplatte)?)

BILLETEUR: Bitte die Herrschaften Billeten vorzeigen!

VALENTIN: Was heisst Billeten vorzeigen, haben Sie noch kein Billet gesehen vom Zoologischen Garten?

BILLETEUR: Schon viele, aber – die ihren noch nicht.

VALENTIN: Die sind doch alle gleich.

KARLSTADT: Dös is doch wegen der Kontrolle.

VALENTIN: I brauch koa Kontrolle, i bin koa Schwindler oder glaub'n Sie – –

KARLSTADT: Geh zua, werst wohl net streiten wegen dene 2 Billetten – a da schau nüber, da is schon ein Riesenelefant.

VALENTIN: Wo?

KARLSTADT: Da drüben.

VALENTIN: Dös is doch kein Elefant, dös is doch ein Nilpferd.

KARLSTADT: Ja ja ich weiss schon, ich hab mich nur versprochen.

VALENTIN: Da schau her Kunigunde, den wunderbaren Tintenfisch da oben.

KARLSTADT: Wo oben?

VALENTIN: Da oben!

KARLSTADT: Dös is doch kein Tintenfisch, dös is ja der Steinadler.

VALENTIN: Ja ja Steinadler wollt ich sagen, ich hab mich auch nur versprochen.

KARLSTADT: Ah da schau her, sibirische Wölfe und wie die unheimlich heulen.

VALENTIN: Ja ja dös sind auch unheimliche Raubtiere, die müssen auch unheimlich heulen, das würde sich dumm anhören, wenn die Wölfe zwitschern würden.

KARLSTADT: Na ja, genau so blöd wäre es, wenn a Schwalbe heulen würde. Käfig Nr. 5 »Das Nashorn« Warum heisst dös Nashorn?

VALENTIN: Weis auf der Nase ein Horn hat.

KARLSTADT: Ja wia is denn dös beim Elefant?

VALENTIN: Na ja, der hat ein Ele am Fant.

KARLSTADT: Nein! der hat einen Rüssel am Kopf, der müsste eigentlich Rüsselkopf heissen.

VALENTIN: Sag's ihm!

KARLSTADT: Wem, dem Elefant?

VALENTIN: Nein! Dem Zoologischen Besitzer. – Du da schau

her, die netten kleinen Affen, da sagen die Leut immer wir gleichen den Affen *(schreien)* dös find i net, mir san doch viel grösser.

KARLSTADT: Da schau her das ist eine Gemeinheit, da zahlt man eine Mark *(zwitschern)* Eintritt und da sieht man einen gewöhnlichen Spatz.

VALENTIN: Stimmt, das ist ein Spatz, vielleicht is der in zoologischen Garten hereingeflogen. Wenn er nicht im Katalog steht, gehört er nicht hinein. Schau, Nr. 22: Pelikane.

KARLSTADT: Und was sind das für kleine weisse Dreckhäufchen die auf dem Beton liegen?

VALENTIN: Das ist der Abfall von die Pelikane, das Pelikanol, das wird in Tuben gefüllt und kostet dann 30 Pfennige.

KARLSTADT: Hier ist ein Orang Utan, ein Menschenaffe.

VALENTIN: Der schaut aber wirklich blöd. Alte, stell Dich nicht so nah an das Gitter hin, sonst weiss der Affe nicht bist Du im Käfig oder er. *(Gebrüll)*

KARLSTADT: Horch, was is denn das für ein Gebrüll?

VALENTIN: Das sind wahrscheinlich die Brillenschlangen. – Käfig Nr. 24: Der Fuchs! – Moanst Alte, dass dös der Fuchs ist?

KARLSTADT: Was für a Fuchs?

VALENTIN: Na ja der wo damals die Gans gestohlen hat.

KARLSTADT: Du fads Mannsbild mit Deine blöden Witz; ja was is denn dös, dös is ja a Storch. Du Alter moanst dös is der Storch?

VALENTIN: Was denn für a Storch?

KARLSTADT: No ja der wo die kleinen Kinder bringt.

VALENTIN: Du fads Frauenzimmer du, mit Deine blöden Witz *(Raubtiergebrüll)*

KARLSTADT: Du jetzt müass ma ins Raubtierhaus – um 4 Uhr ist Fütterung sämtlicher Raubtiere – komm!

VALENTIN: Nein, das mag ich nicht sehen.

KARLSTADT: Warum nicht?

VALENTIN: Ich kanns auch nicht leiden wenn mir wer beim Essen zuschaut.

Wo ist meine Brille?

MANN: Klara! – Ich finde meine Brille nicht. Weisst Du, wo meine Brille ist?

FRAU: In der Küche hab' ich sie gestern liegen sehen.

MANN: Was heisst gestern, vor einer Stunde hab' ich doch noch gelesen damit.

FRAU: Das kann schon sein, aber gestern ist die Brille in der Küche gelegen.

MANN: So red' doch keinen solchen unreinen Mist, was nützt mich denn das, wenn die Brille gestern in der Küche gelegen ist!

FRAU: Ich sag' Dir's doch nur, weil Du sie schon ein paar Mal in der Küche hast liegen lassen.

MANN: Ein paar Mal! – Die habe ich schon öfters liegen lassen, – wo sie jetzt liegt, das will ich wissen!

FRAU: Ja, wo sie jetzt liegt, das weiss ich auch nicht; irgendwo wird s' schon liegen.

MANN: Irgendwo! Freilich liegt s' irgendwo, – aber wo, – wo ist denn irgendwo?

FRAU: Irgendwo? Das weiss ich auch nicht – dann liegt s' halt wo anders!

MANN: Wo anders! – Wo anders ist doch irgendwo.

FRAU: Ach red' doch nicht so saudumm daher, wo anders kann doch nicht zu gleicher Zeit »wo anders« und »irgendwo« sein! – Alle Tage ist diese Sucherei nach der saudummen Brille, das nächste Mal merkst Dir halt, wo Du sie hinlegst, dann weisst Du, wo sie ist.

MANN: Aber Frau!!! So kann nur wer daher reden, der von einer Brille keine Ahnung hat. Wenn ich auch weiss, wo ich sie hingelegt hab', das nützt mich gar nichts, weil ich doch nicht sehe, wo sie liegt, weil ich doch ohne Brille nichts sehen kann.

FRAU: Sehr einfach! Dann musst Du eben noch eine Brille haben, damit Du mit der einen Brille die andere suchen kannst.

MANN: Hm!! Das wär' ein teurer Spass! 1000 Mal im Jahr verleg' ich meine Brille; wenn ich da jedesmal eine Brille dazu bräuchte, – die billigste Brille kostet 3 Mark – das wären um 3000 Mark Brillen im Jahr.

FRAU: Du Schaf! Da brauchst Du doch nicht 1000 Brillen!

MANN: Aber 2 Stück unbedingt, eine kurz- und eine weitsichtige. – Nein, nein, da fang' ich lieber gar nicht an. Stell' Dir vor, ich habe die weitsichtige verlegt und habe nur die kurzsichtige auf, die weitsichtige liegt aber weit entfernt, sodass ich die weitsichtig-entferntliegende mit der kurzsichtigen Brille nicht sehen kann!

FRAU: Dann lässt Du einfach die kurzsichtige Brille auf und gehst so nah an den Platz hin, wo die weitsichtige liegt, damit Du mit der kurzsichtigen die weitsichtige liegen siehst.

MANN: Ja, ich weiss doch den Platz nicht, wo die weitsichtige liegt.

FRAU: Der Platz ist eben da, wo Du die Brille hingelegt hast!

MANN: Um das handelt es sich ja! – Den Platz weiss ich aber nicht mehr!

FRAU: Das verstehe ich nicht. – – – Vielleicht hast Du s' im Etui drinnen.

MANN: Ja!!! Das könnte sein! Da wird sie drinnen sein! Gib mir das Etui her!

FRAU: Wo ist denn das Etui?

MANN: Das Etui ist eben da, wo die Brille drinnen steckt.

FRAU: Immer ist die Brille auch nicht im Etui.

MANN: Doch! – Die ist immer im Etui! –, ausserdem ich hab s' auf.

FRAU: Was? – Das Etui?

MANN: Nein! – Die Brille.

FRAU: Jaaaaa! Was seh' ich denn da? – Schau' Dir doch einmal auf Deine Stirne hinauf!

MANN: Da seh' ich doch nicht hinauf.

FRAU: Dann greifst Du hinauf! – – Auf die Stirne hast Du Deine Brille hinaufgeschoben!

MANN: Ah! – Stimmt! – Da ist ja meine Brille! – Aber leider!? *(Sehr schnell)*

FRAU: Was leider?

MANN: Ohne Etui!

Semmelknödel

KARLSTADT: Ja sag einmal, warum bist Du denn heute mittag nicht zum Essen gekommen? 2 Stunden hab' ich auf Dich gewartet!

VALENTIN: Ja, ich hab' da draussen gleich gegessen, wo ich zu tun g'habt hab', in der kleinen Wirtschaft und da isst man sehr gut, fast tadellos.

KARLSTADT: No, so gut wie ich koche, wird's bestimmt nicht sein!

VALENTIN: Doch, doch!

KARLSTADT: Aber jetzt ist es 9 Uhr abends; wo warst Du denn in der langen Zwischenzeit?

VALENTIN: Nirgends! Da hab' ich auf das Mittagessen gewartet.

KARLSTADT: Ja, ist Dir denn das nicht zu langweilig geworden?

VALENTIN: Nein. In der Zwischenzeit hab' ich mit der Kassierin gesprochen.

KARLSTADT: Was, 9 Stunden warst Du mit der Kassierin beisammen? Ueber was habt ihr denn da gesprochen?

VALENTIN: Ja über das, dass die Semmelnknödel so lange nicht kommen.

KARLSTADT: So lang wartet doch kein vernünftiger Mensch auf das Mittagessen.

VALENTIN: Da war ich ja nicht vernünftig, ich war ja hungrig.

KARLSTADT: Papperlapapp – wenn man das Essen um 12 Uhr bestellt und in einer halben Stunde ist es noch nicht da, dann geht man einfach.

VALENTIN: Freilich, dann frisst's ein anderer für mich......

KARLSTADT: Und ausgerechnet Semmelknödel hat er sich bestellt, wo doch ich heute auch Semmelknödel gemacht hab.

VALENTIN: Was, dieselben?

KARLSTADT: Ach, dieselben! Unsinn! – Andere hab ich halt gemacht; aber Semmelknödel sind Semmelknödel!

VALENTIN: ...deln!

KARLSTADT: Was »deln«?

VALENTIN: Semmelnknödeln heisst's!

KARLSTADT: Ich hab ja g'sagt: Semmelknödel.

VALENTIN: Nein: Semmel*n*knödel*n*!

KARLSTADT: Nein, man sagt schon von jeher: Semmelknödel.

VALENTIN: Ja, zu einem – aber zu mehreren Semmelknödel sagt man: Semmel*n*knödel*n*.

KARLSTADT: Aber wie tät' man denn zu einem Dutzend Semmelknödel sagen?

VALENTIN: Auch Semmelnknödeln. – Semmel ist die Einzahl, das musst Dir merken, und Semmeln ist die Mehrzahl, das sind also mehrere einzelne zusammen. Die Semmelnknödeln werden aus Semmeln gemacht, also aus mehreren Semmeln; Du kannst nie aus einer Semmel Semmelnknödeln machen.

KARLSTADT: Machen kann man's schon.

VALENTIN: Ja, ja, machen schon; aber wenn Du aus einer Semmel 10 Semmelnknödeln machen tätst, dann würden die Semmelnknödeln so klein wie Mottenkugeln. Dann würde das Wort Semmelknödel schon stimmen, weil s' bloss aus einer Semmel sind. Aber solang die Semmelnknödeln aus mehreren Semmeln gemacht werden, sagt man unerbitterlich: Semmel*n*knödel*n*!

KARLSTADT: Du sagst es aber auch nicht richtig; jetzt hast grad g'sagt: Semmelknö*del*.

VALENTIN: Nein, ich hab g'sagt: Semm*eln*knödeln.

KARLSTADT: Richtig muss es eigentlich *Semmeln*knödeln heissen; die Semmel muss man betonen, weil die Knödel aus Semmeln gemacht sind – – – überhaupt, das Wichtigste ist der Knödel; Semmeln*knödel*n müsst es ursprünglich heissen!

VALENTIN: Nein, das Wichtigste ist das n zwischen Semmel und Knödeln.

KARLSTADT: Ja, wie heisst es dann bei den Kartoffelknödeln?

VALENTIN: Dasselbe! n –! Kartoffel*n*knödeln!

KARLSTADT: Und bei den Schinkenknödeln? Ah – hahaha –

VALENTIN: Da ist's genau so; da ist das n schon zwischendrin. Es gibt keine Knödeln ohne n.

KARLSTADT: Doch, die Leberknödeln!

VALENTIN: Ja, stimmt! – Lebernknödeln kann man nicht sagen!

Die Fremden

LEHRER: Wir haben in der letzten Unterrichtsstunde über die Kleidung des Menschen gesprochen und zwar, über das Hemd. Wer von Euch kann mir nun einen Reim auf Hemd sagen?

VALENTIN: Auf Hemd reimt sich fremd.

LEHRER: Gut – und wie heisst die Mehrzahl von fremd?

VALENTIN: Die Fremden.

LEHRER: Jawohl die Fremden – und aus was bestehen die Fremden?

VALENTIN: Aus fremd und aus den.

LEHRER: Gut – und was ist ein Fremder?

VALENTIN: Fleisch, Gemüse, Obst, Mehlspeisen u.s.w.

LEHRER: Nein, nein, nicht was er ist, will ich wissen, sondern wie er ist.

VALENTIN: Ja, ein Fremder ist nicht immer ein Fremder.

LEHRER: Wieso?

VALENTIN: Fremd ist der Fremde nur in der Fremde.

LEHRER: Das ist nicht unrichtig – und warum fühlt sich ein Fremder nur in der Fremde fremd?

VALENTIN: Weil jeder Fremde, der sich fremd fühlt, ein Fremder ist, und zwar so lange, bis er sich nicht mehr fremd fühlt, dann ist er kein Fremder mehr.

LEHRER: Sehr richtig – wenn aber ein Fremder schon lange in der Fremde ist bleibt er dann immer ein Fremder?

VALENTIN: Nein! das ist nur so lange ein Fremder, bis er alles kennt und gesehen hat, denn dann ist ihm nichts mehr fremd.

LEHRER: Es kann aber auch einem Einheimischen etwas fremd sein.

VALENTIN: Gewiss – manchem Münchner zum Beispiel ist das Hofbräuhaus nicht fremd, während ihm in der gleichen Stadt das deutsche Museum, die Glyphothek, die Pinakothek u.s.w. fremd sind.

LEHRER: Damit wollen Sie also sagen, dass der Einheimische in mancher Hinsicht in seiner eigenen Vaterstadt zugleich noch ein Fremder sein kann. – Was sind aber Fremde unter Fremden?

VALENTIN: Fremde unter Fremden sind: Wenn Fremde über eine Brücke fahren und unter der Brücke fährt ein Eisenbahnzug mit Fremden durch, so sind die durchfahrenden Fremden »Fremde unter Fremden«, was Sie Herr Lehrer vielleicht so schnell gar nicht begreifen werden.

LEHRER: Oho! Und was sind Einheimische?

VALENTIN: Dem Einheimischen sind eigentlich die fremdesten Fremden nicht fremd. Der Einheimische kennt zwar den Fremden nicht, kennt aber am ersten Blick, dass es sich um einen Fremden handelt.

LEHRER: Wenn aber ein Fremder von einem Fremden eine Auskunft will?

VALENTIN: Sehr einfach: Frägt ein Fremder in einer fremden Stadt einen Fremden um irgend etwas was ihm fremd ist, so sagt der Fremde zu dem Fremden, das ist mir leider fremd, ich bin hier nämlich selbst fremd.

LEHRER: Das Gegenteil von fremd wäre also unfremd?

VALENTIN: Wenn ein Fremder einen Bekannten hat, so kann ihm dieser Bekannte zuerst fremd gewesen sein, aber durch das gegenseitige Bekanntwerden sind sich die Beiden nicht mehr fremd. Wenn aber die zwei mitsammen in eine fremde Stadt reisen, so sind diese beiden Bekannten jetzt in der fremden Stadt wieder Fremde geworden. Die Beiden sind also – – das ist zwar paradox – – fremde Bekannte zu einander geworden.

Hausverkauf

VALENTIN: *(zum Käufer:)* Guten Tag, Sie wünschen?

KÄUFER: Ich komme wegen dem Haus.

VALENTIN: Sie meinen wegen dem Häuschen?

KÄUFER: In der Zeitung steht Haus.

VALENTIN: Nein, es ist ein kleines Haus, ein Häuschen.

KÄUFER: Ah, ein Häuslein, ein Häuselchen, ein Häuseleinchen. Steht das Häuschen im Freien?

VALENTIN: Da steht es doch!

KÄUFER: Ich komme auf das Zeitungsinserat; Sie haben doch das Haus zu verkaufen; ist das hier das Haus?

VALENTIN: Jawohl! Ich verkaufe es ungern, aber ich bin froh, wenn ich es los bin.

KÄUFER: Wieviel Stockwerke hat das Haus?

VALENTIN: Keines, nur Parterre.

KÄUFER: Ist es bewohnt?

VALENTIN: Momentan nicht, weil ich heraussen stehe.

KÄUFER: Wieviele Zimmer?

VALENTIN: Nur eins – dafür keine Treppe, kein Stiegenhaus.

KÄUFER: Ist das hier eine ruhige Gegend?

VALENTIN: Jawohl, im Winter hören Sie nicht einmal das Auffallen der Schneeflocken; aber dafür gibt es im Sommer viele Ameisen, aber die gehen ganz leise.

KÄUFER: Wie steht es mit den Abortverhältnissen?

VALENTIN: Abort ist keiner im Haus.

KÄUFER: Ja, aber wenn man.........

VALENTIN: Der Wald ist 5 Minuten von hier entfernt.

KÄUFER: Ja, aber bei Nacht?

VALENTIN: Auch nur 5 Minuten.

KÄUFER: Wann sind Sie in dieses Haus eingezogen?

VALENTIN: Einen Tag später.

KÄUFER: So früh schon! – Und wie ist es mit der Beleuchtung? Gas oder elektrisch?

VALENTIN: Im Haus und im Freien – überall elektrisch!

KÄUFER: Ich sehe aber nirgends eine elektrische Leitung.

VALENTIN: Nur elektrische Taschenlampe, brennt überall.

KÄUFER: Wie alt ist das Haus schon?

VALENTIN: Weiss nicht, hab noch nicht gefragt.

KÄUFER: Sind Hypotheken drauf?

VALENTIN: Nein, nur ein Kamin.

KÄUFER: Was bedeuten diese 4 Zimmerwände?

VALENTIN: Das sind Stützen.

KÄUFER: Für was?

VALENTIN: Fürs Hausdach.

KÄUFER: Ist Ungeziefer im Haus?

VALENTIN: Nein, ich bin noch Junggeselle.

KÄUFER: So – so!

VALENTIN: Jawohl!

KÄUFER: Legen Sie....

VALENTIN: Ich nicht!

KÄUFER: Einen Moment.....

VALENTIN: Bitte!

KÄUFER: Legen Sie......

VALENTIN: Nein – aber meine Hühner.

KÄUFER: Legen Sie Wert darauf, dass das Haus bald verkauft wird?

VALENTIN: Nein – sofort – in sofortiger Bälde!

KÄUFER: Kaufen Sie sich dann wieder ein neues Haus?

VALENTIN: Niemals mehr! Ich suche ein altes 1000 Meter tiefes Bergwerk zu mieten.

KÄUFER: Und das wollen Sie dann bewohnen?

VALENTIN: Selbstverständlich!

KÄUFER: Das ist ja unheimlich!

VALENTIN: Schon – aber sicher!

KÄUFER: Vor wem?

VALENTIN: Vor Meteorsteinen.

KÄUFER: Aber Meteorsteine sind doch ganz selten.

VALENTIN: Schon – aber bei mir geht die Sicherheit über die Seltenheit.

Streit mit schönen Worten

SIE: Mei Ruh lass mir!

ER: Du mir auch!

SIE: Ich weiss schon, wieviel es g'schlagen hat!

ER: Ich auch!

SIE: A anderer Mann geht auf d' Nacht in sein Wirtshaus und kommt in der Früh heim; aber das ist ja Dir alles fremd, Du fühlst Dich ja nur am häuslichen Herd glücklich!

ER: Du hockst ja auch lieber daheim bei mir!

SIE: Ja, wenn Du es nur einsiehst!

ER: Du hast mir noch jede Stunde meines Lebens verschönt!

SIE: Du mir genau so; und wenn ich noch so betrübt war, so warst es Du, der mir jeden Wunsch von den Augen absah!

ER: Ja, weisst Du noch, wie wir damals in jener Sommernacht allein auf einer Bank sassen; Du wolltest noch bleiben und ich wollte noch bleiben, und dann kam der Schutzmann, der uns dann fragte, was wir denn da wollen.

SIE: Ja, und dann warst Du es, der gesagt hat, ach lassen Sie uns doch allein!

ER: Ja, das weiss ich noch, aber Gott sei Dank war der Schutzmann dann vernünftiger und ist gegangen.

SIE: Drum sag ich es 1000 mal: hätte ich nur einen andern kennen gelernt als Dich, was hätt' ich denn an einem andern gehabt: nichts als Verdruss und Aerger!

ER: Ach, wenn man Dich so ansieht – – – Du bist ja so eine – –
– ach – – – ich kann mich gar nicht ausdrücken – so ein
liebes Ding, dass ich Dir gleich stundenlang in die Augen
schauen könnte!

SIE: Du kannst natürlich nichts als einem Sachen ins Gesicht
schleudern, die leider wahr sind! Aber meine liebe Frau
Schwiegermutter ist ja dieselbe wie ihr Herr Sohn; die
kann ja auch sonst nichts, als mir recht schön ins Gesicht
tun und hinter meinem Rücken lobt sie mich, wo sie mich
nur loben kann! Aber da bin ich ihr gut genug, dass ich ihr
meine ganze Wäsche waschen lasse, alle Näharbeiten lass
ich ihr zukommen ohne einen Pfennig zu verlangen; da ist
man dann die Schwiegertochter hinten und vorne! Zum
Weihnachtsfest alle Jahre hab ich von ihr die schönsten
Präsente angenommen ohne ein Wort zu sagen; aber das
ist scheint's alles vergessen!

ER: Aber meiner lieben Schwiegermutter fehlt auch nichts!
Wie oft hab' ich einen kleinen Seitensprung gemacht, bei
dem sie mich ertappte – nichts hat sie Dir davon gesagt!
Verheimlicht hat sie Dir alles!

SIE: Das sind ja unplumpe Vertraulichkeiten! Das sagst Du ja
nur zu mir, dass ich Dich noch lieber haben sollte, als ich
Dich sowieso schon habe. Mit derlei Sachen kannst Du
mich nicht aus der Ruhe bringen und wenn Du mir's nicht
zu bunt machst, dann pack ich meine sieben Zwetschgen
zusammen und bleib erst recht bei Dir!

ER: Du darfst Dich nicht beklagen, denn so gemeint war es ja
nicht *(haut mit der Faust auf den Tisch)*. Ich verbitte mir
nun endlich Deine Zudringlichkeiten! Ich hab' Dir heute
schon mindestens 100 Küsse gegeben, und mehr braucht
eine Frau nicht an einem Tag!

SIE: Das ist eine unverschämte Lüge von Dir; Du bist ein
ganz gewalttätiger Mensch; das hat sich an meinem Namenstag gezeigt, als Du mir den teuren Pelzmantel gekauft
hast und ich wollte nur einen gewöhnlichen Lodenmantel.

ER: So, jetzt machst Du mir noch Vorwürfe, aber ich werde es
mir merken! Zu Deinem Geburtstag bekommst Du von

mir für Deine impertinente Bescheidenheit 500 Mark, dann
kannst Du Dir kaufen, was Du willst; dann brauch ich mich
wenigstens nicht mehr freuen über Deine Dankbarkeit!

SIE: Ja ja, jetzt kommt natürlich wieder der Vorwurf, das bin
ich ja an Dir schon gewöhnt! Ich verbitte mir ab heute von
Dir jede Unzudringlichkeit – sonst werde ich Dir den Himmel kalt machen, es heisst zwar: die Hölle heiss machen,
aber bei Dir ist das alles fruchtlos! –

ER: Eleonore, sei doch nicht vernünftig! Wollen wir uns doch
wieder vertragen! Wozu immer diese aufregenden Schmei-
cheleien!? Sagen wir uns doch lieber in aller Ruhe die Ge-
meinheiten direkt ins Gesicht!

SIE: Ja Du saudummer Kerl, Du hast recht! Da bin ich sofort
damit einverstanden!

ER: Na also, Du Rindviech, du depperts! Siehst, es geht auch
so!

Pessimistischer Optimismus

HERR LANG *zu Herrn Valentin:* So, so, Sie sind Pessimist?

VALENTIN: Und Sie? – Optimist!

HERR LANG: Ja!

VALENTIN: Sie sehen also alles rosig.

HERR LANG: Jawohl, – alles!

VALENTIN: Die Rosen auch?

HERR LANG: Na, – die werden Sie doch auch rosig sehen!

VALENTIN: Die schon – aber das ist aber auch das einzige,
was ich rosig sehe!

HERR LANG: Wie sehen Sie denn die Welt?

VALENTIN: Nur unrosig! – Wenn es auch in einem alten Lied
heißt: »Ja, die Welt ist schön!«

HERR LANG: Warum? – Finden Sie die Welt nicht schön?

VALENTIN: Nein – – was soll denn da schön sein? Das Un-
schöne geht doch schon mit der Geburt an! – Oder ist viel-

leicht die Geburt etwas Schönes? Fragen Sie mal darüber eine Hebamme oder einen Geburtshelfer – –

HERR LANG: Na gut – – schön ist das nicht, aaber – – es ist halt mal so!

VALENTIN: Ja – – das – »Es ist halt mal so!« – ist ja schön nicht schön! Schön wäre nach meiner Ansicht, wenn es nicht so wäre.

HERR LANG: Na – – wenn es nicht so wäre, dann wären Sie ja nicht auf der Welt.

VALENTIN: Ja, das wäre doch schön!

HERR LANG: Wenn aber alle so denken würden wie Sie, dann wäre doch niemand auf der Welt.

VALENTIN: Ich sage Ihnen doch – – dann wäre es doch schön.

HERR LANG: Für wen?

VALENTIN: Für die Menschen, welche nicht auf der Welt sein müßten!

HERR LANG: Menschen, die noch nicht auf der Welt waren, können doch nicht unterscheiden, ob es auf der Welt schön ist oder nicht!

VALENTIN: Das Schöne ist doch das, daß diese Menschen noch nicht auf der Welt waren!

HERR LANG: Wie meinen Sie das?

VALENTIN: Ein Beispiel: – – haben Sie schon etwas gehört vom dreissigjährigen Krieg?

HERR LANG: Gewiß!

VALENTIN: Was haben die Menschen, die zu dieser Zeit gelebt haben, alles mitgemacht? Können Sie sich das vorstellen?

HERR LANG: Ja, diese Menschen haben Furchtbares erlebt! – – Alle Schrecken des Krieges – – dazu noch Hungersnot und Pestilenzen.

VALENTIN: Na also – – hätten Sie zu dieser Zeit auf der Welt sein wollen?

HERR LANG: Nein, – gewiß nicht!

VALENTIN: Sehen Sie, – – war das nicht schön, daß Sie zu dieser Zeit nicht gelebt haben?

HERR LANG: Stimmt!

VALENTIN: Also, daraus ersehen Sie doch, daß es für einen Menschen schön sein kann, selbst wenn er noch nicht gelebt hat – – und genau so schön ist es für den Menschen, wenn er nach seinem Erdendasein nicht mehr lebt!

HERR LANG: Ja – aber das Leben selbst haben Sie ja ganz übersprungen in Ihrer philosophischen Schilderung.

VALENTIN: Einen Moment – – – es gibt allerlei Leben – – – es gibt z. B. ein kurzes Leben – – ein Kind wird geboren, und nach einer Stunde schon stirbt es. War das ein schönes Leben?

HERR LANG: Nein! – – – Aber es gibt doch auch ein langes Leben – – – es gibt doch Menschen, die über 100 Jahre lang leben? Und oft wünschen, noch länger zu leben.

VALENTIN: Gewiß, solche Fälle gibt es, aber was hat so ein alter Mensch noch von seinem Leben, insofern man dieses Leben noch Leben nennen kann – völlig verkalkt, schon fast versteinert liegt er da – eine halbe Mumie könnte man sagen – zu nichts mehr fähig, als zum Sterben.

HERR LANG: Zu nichts mehr fähig? Sagen Sie? Lesen Sie die Bibel – Abraham wurde 700 Jahre alt und hatte 500 Kinder.

VALENTIN: Na, na, na, na, – Sie übertreiben – 400 Kinder soll er nur gehabt haben.

Telefon-Schmerzen

Handlung: Der Buchbindermeister Wanninger hat auf Bestellung der Baufirma Meisel & Co., 12 Bücher frisch eingebunden und bevor er dieselben liefert, frägt er telefonisch an, wohin er die Bücher bringen soll und ob und wann er die Rechnung einkassieren darf. Er geht in seiner Werkstätte ans Telefon und wählt eine Nummer, [(]wobei man das Geräusch der Wählerscheibe hört). Nachdem der Anschluss hergestellt ist:

Baufirma Meisel, Portier: Hier Baufirma Meisel & Co.!

Buchbindermeister: Hier ist Buchbinder Wanninger. Ich möchte nur der Fa. Meisel mitteilen, dass ich die Bücher fertig habe und ob ich die Bücher hinschicken soll und ob ich die Rechnung auch mitschicken soll – bitte!

Portier: Einen Moment!

Sekretariat: Hier Meisel & Co., Sekretariat!

Buchbindermeister: Hier ist Buchbinder Wanninger. Ich möchte Ihnen nur mitteilen, dass ich die Bücher fertig habe und ob ich die Bücher hinschicken soll und ob ich die Rechnung auch mitschicken soll – bitte!

Sekretariat: Einen Moment, bitte!

Direktion: Direktion der Fa. Meisel & Co. hier!

Buchbindermeister: Hier ist Buchbinder Wanninger. Ich möchte der Fa. Meisel nur mitteilen, dass ich die Bücher fertig habe und ob ich die Bücher hinschicken soll und ob ich die Rechnung auch mitschicken soll – bitte!

Direktion: Ich verbinde Sie mit der Verwaltung, einen Moment mal!

Verwaltung: Hier Baufirma Meisel & Co., Verwaltung!

Buchbindermeister: Hier ist Buchbinder Wanninger. Ich möchte Ihnen nur mitteilen, dass ich die Bücher fertig habe und ob ich die Bücher hinschicken soll und ob ich die Rechnung auch mitschicken soll, – bitte!

Verwaltung: Rufen Sie doch bitte Nebenstelle 13 an. Sie können gleich weiterwählen. – *(Geräusch der Wählscheibe).*

Nebenstelle 13: Hier Baufirma Meisel & Co.

Buchbindermeister: Hier ist Buchbinder Wanninger. Ich möchte der Fa. Meisel mitteilen, dass ich die Bücher fertig habe und ob ich die Bücher hinschicken soll und ob ich die Rechnung auch mitschicken soll – bitte!

Nebenstelle 13: Einen Moment mal! Ich verbinde Sie mit Herrn Ingenieur Heidinger.

Ingenieur Heidinger: Hier Ingenieur Heidinger!

Buchbindermeister: Hier ist Buchbinder Wanninger. Ich möchte nur dem Herrn Ingenieur mitteilen, dass ich die

Bücher fertig habe und ob ich die Bücher hinschicken soll und ob ich die Rechnung auch mitschicken soll – bitte!

INGENIEUR HEIDINGER: Da weiss ich nichts davon. Fragen Sie doch mal bei Herrn Architekt Klotz an. Einen Moment mal!

ARCHITEKT KLOTZ: Hier Architekt Klotz!

BUCHBINDERMEISTER: Hier ist Buchbinder Wanninger. Ich möchte nur dem Herrn Architekt mitteilen, dass ich die Bücher fertig habe und ob ich die Bücher hinschicken soll und ob ich die Rechnung auch mitschicken soll – bitte!

ARCHITEKT KLOTZ: Da fragen Sie am besten Herrn Direktor selbst. Er ist jetzt nicht in der Fabrik. Ich verbinde Sie gleich mit der Wohnung.

WOHNUNG: Hier Direktor Hartmann!

BUCHBINDERMEISTER: Hier ist Buchbinder Wanninger. Ich möchte dem Herrn Direktor nur mitteilen, dass ich die Bücher fertig habe und ob ich die Bücher hinschicken soll und ob ich die Rechnung auch mitschicken soll – bitte, Herr Direktor!

WOHNUNG, DIREKTOR: Ich kümmere mich nicht um diese Sachen. Vielleicht weiss die Abteilung III Bescheid; ich schalte in die Firma zurück.

ABTEILUNG III: Baufirma Meisel, Abteilung III!

BUCHBINDERMEISTER: Hier ist Buchbinder Wanninger. Ich möchte nur der Fa. Meisel mitteilen, dass ich die Bücher fertig habe und ob ich die Bücher hinschicken soll und ob ich die Rechnung auch mitschicken soll – bitte.

ABTEILUNG III: Einen Moment bitte, ich verbinde mit der Buchhaltung.

BUCHHALTUNG: Fa. Meisel & Co., Buchhaltung!

BUCHBINDERMEISTER: Hier ist Buchbinder Wanninger. Ich möchte nur der Fa. Meisel mitteilen, dass ich die Bücher fertig habe und ob ich die Bücher hinschicken soll und ob ich die Rechnung auch mitschicken soll – bitte!

BUCHHALTUNG: Rufen Sie bitte morgen wieder an, wir haben jetzt Büroschluss!

BUCHBINDERMEISTER: Jawohl! – Danke – entschuldigen Sie vielmals bitte!

Das Clownduett oder die verrückten Notenständer

Valentin und Karlstadt treten auf, von beiden Seiten der Bühne, kommen zusammen, und sagen »Ah da sind sie ja« *und schütteln sich die Hände – sagen zugleich:* Wie gehts Jhna denn immer? *(zugleich)* Danke gut.

KARLSTADT: Da hams recht – da kann man nichts machen[.]

VALENTIN: Was [sagns]?

KARLSTADT: Nein ich hab blos gsagt, da kann man nichts machen.

VALENTIN: So so, das hab ich auch schon amal ghabt.

Beide schauen sich schweigend an.

KARLSTADT: Sie – könnt ich sie einen Moment sprechen?

VALENTIN: Um was handelt sichs denn?

KARLSTADT: Jst nur eine Kleinigkeit, ist fast gar nicht wert, dass man davon red.

VALENTIN: Privat oder geschäftlich?

KARLSTADT: Nein – beides nicht – sagen sie, sind sie beleidigt, wenn ich sie auf etwas aufmerksam mache?

VALENTIN: Nein, absolut nicht[.]

KARLSTADT: Jch möcht sie nur ersuchen, ob sie meine Hand nicht wieder auslassen möchten, die ham sie noch vom Grüssgott sagen, in der Hand.

VALENTIN: *(Lässt aus)* Da hab ich ganz vergessen drauf. Entschuldigens bitte.

KARLSTADT: Macht nichts.

Beide legen [i]hre Notenbücher auf den Tisch, gehen mit den Trompeten vor.

VALENTIN: Anlässlich des Einzuges Kaiser Ludwig des Bayern zum Jsartor im Jahre 1312 gestatten wir uns nachträglich noch ein Duett zu blasen, auf zwei Trompeten, ein sogenanntes halbes Quartett, wir beginnen mit dem Anfang. *(Beide blasen die erste Stimme.)*

VALENTIN: Halt, jetzt ham wir alle zwei die erste Stimme

geblasen, bei einem Duett muss doch einer die erste und der andere die zweite Stimme blasen.

KARLSTADT: Das ist doch klar – da[s] hättens aber vorher schon wissen können.

Beide blasen die zweite Stimme. hören wieder auf. Jeder sagt: Jetzt blast er auch die zweite.

VALENTIN: Jch hab doch ausdrücklich gesagt, einer die erste und der andere die zweite.

KARLSTADT: Ja ist ja recht, und da hab ich den einen gmacht[.]

VALENTIN: Den einen hab ich gmacht, sie hätten den andern machen solln. Mir ists gleich, ich kann die erste und die zweite blasen.

KARLSTADT: Ja – dann kann ja ich heimgehn, dann brauchens mich überhaupt nicht[.]

VALENTIN: Nein ich mein so, ich kann die erste und kann aber auch die zweite blasen.

KARLSTADT: Das ist eben bei mir leider auch der Fall.

VALENTIN: Sinds doch froh[.]

KARLSTADT: Ja also was wollns denn jetzt für eine blasen?

VALENTIN: Ah wissens was, blas ma gar nicht. Oder blasen die erste und ich die zweite – oder umgekehrt?

KARLSTADT: Oder mach mas so, wie sie wolln.

VALENTIN: Ja so gehts auch – ja – wie willn sie?

Beide streiten noch lange – herum, dann sagt Karlstadt, wissen sie was, Sie blasen jetzt die zweite, dann brauche ich nur mehr die erste blasen.

VALENTIN: Ja, so mach mas.

KARLSTADT: Können sie sichs merken?

VALENTIN: Nein, merken kann ich mir gar nichts – da kann ich eher noch blasen.

KARLSTADT: Da brauchen sie sich auch gar nichts merken, sie blasen einfach die zweite Stimme, und das was ich tu, das geht sie gar nichts an.

VALENTIN: So, dann geht sie das auch nichts [an], was ich tu, merken sie sichs.

Beide blasen, aber gleich falsche Töne [.]

KAPELLMEISTER: Hörns doch auf, das ist ja ganz falsch[.]

VALENTIN: Das hörn wir schon selber, mischens Jhna nicht in andre Leut nein, mischens sie sich lieber in sich selbst nein – sie sind der allerjüngste, schämen sie sich, dass no so jung sind.

KAPELLMEISTER: Ham sie denn keine Noten?

VALENTIN: Freilich, aber nach Noten können wir doch nicht auswendig blasen.

KAPELLMEISTER: Das braucht es auch gar nicht, nehmen sie doch Noten[.]

Beide nehmen jhre Noten. Valentin das kleine – Karlstadt das grosse Buch[.]

KARLSTADT: *(kann das grosse Buch nicht halten, Valentin hilft halten, beide blasen. Valentin bläst aber nur immer den gleichen Ton.[)]*

KARLSTADT: Sie blasen ja immer den gleichen Ton[!]

VALENTIN: Jch kann ja nicht mehr blasen, weil ich nicht auf die Klapperl hindrücken kann.

KARLSTADT: Warum könnens da auf einmal nicht mehr hindrücken?

VALENTIN: Weil ichs Buch in der Hand habe, *(lasst es aus.)* Jch hab eine andere Jdee schauns her, ich häng Jhnen mein Buch da hinten nauf, und sie hängen Jhr Buch ihm nauf – mir.

KARLSTADT: Ah, sie meine wahrscheinlich so, dass einer dem andern hint neinschaun kann.

Beide wollen blasen – Valentin sagt: Da müssen sie vor mir stehen[.]

KARLSTADT: *stellt sich vor ihm auf –* jaaa – jetzt ists falsch, sie müssen vor mir stehn, sonst kann ja ich nicht dahinten neinschaun.

VALENTIN: Jaso – da war ich jetzt im Jrrtum..... ja jetzt ists wieder nichts wie kommt jetzt das. – das ging schon, aber das geht nicht.

THEATERMEISTER: Jetzt möcht ich blos wissen, wie lange sie den Blödsinn noch machen wollen, glauben sie, das Publikum schaut Jhnen noch lang zu?

VALENTIN: Fünftens ist das kein Blödsinn – wir wolten da was machen, wir haben zwei Trompeten, zwei Notenbücher, wir sind zu zweit, und keiner kann dem andern hintneinschaun, wie kommt das?

THEATERMEISTER: Wissen sie, was sie brauchen? Notenständer[.]

VALENTIN: Wir haben aber keine[.]

THEATERMEISTER: Aber ich hab welche[.]

VALENTIN: Ja, gebns uns a paar[.]

THEATERMEISTER: Sie können dann gleich a paar haben, von mir[.]

KARLSTADT: Dann teilen wirs zusammen. Jetzt können sie das Buch wieder runter tun, wenn der Notenständer bringt, das hat sie so nicht gut gekleidet, da hams ausgschaut, wie a Segelflugzeug.

THEATERMEISTER: *bringt einen ganz grossen und einen ganz kleinen Notenständer h[e]rein. So* – da ham sie einen, und da sie.

VALENTIN: *nimmt den grossen Ständer, sein kleines Buch fällt immer durch[.]*

KARLSTADT: *nimmt den kleinen Ständer, aber das grosse Buch hat nicht Platz.*

MEISTER: So geht das freilich nicht – sie müssen doch die beiden Ständer tauschen.

[(]Beide tauschen die Notenständer, aber blos betreffs Platz, jeder hat wieder seinen gleichen Notenständer. Alles fällt wieder durch, wie vorher)

MEISTER: Jetzt gehts ja wieder nicht – sie müssen doch tauschen[.]

KARLSTADT: Das haben wir doch getan.

MEISTER: *(zu Karlstadt)* Sie haben das grosse Notenbuch, sie nehmen den grossen Notenständer. *zu Valentin:* Sie haben das kleine Notenbuch, sie nehmen den kleinen Notenständer[.]

VALENTIN: Das ist doch klar, da wärn wir aber selber auch drauf kommen, da hätt sie nicht braucht dazu.

KARLSTADT: *(Kann das schwere Buch nicht auf den Ständer hinaufbringen)*

VALENTIN: Da werdens Jhna aber schwer tun mit dem Buch[.]

KARLSTADT: Natürlich, wenn nur wenigstens einer da wäre, der mir helfen könnte.

VALENTIN: Es ist schon niemand da auch –

KARLSTADT: *Hebt das Buch hinauf, sagt* Danke[.]

VALENTIN: Bitte bitte.

Beide wollen blasen....... Valentin fällt der Hut immer nach vorn hinunter. Karlstadt fällt der Hut nach hinten nunter.

VALENTIN: Sie das geht nicht, der Notenständer ist für mich zu nieder, wenn ich da blas, fällt mir immer der Hut vorn hinunter[.]

KARLSTADT: Bei mir ists grad das Gegenteil, wenn ich da hinauf schaue, dann fällt mir der Hut immer hinten nunter, und bei mir ists noch dazu, furchtbar unapetitlich, mir lauft der Saft von der Trompete immer so runter..... Möchten nicht sie daher gehen tauschen mit dem Platz. *Karlstadt: setzt sich zum kleinen Notenständer auf den Boden...... Valentin sieht das setzt sich auch auf den Boden zum grossen Notenständer.*

MEISTER: *(holt die beiden Ständer und schimpft)*

Beide schauen ihm nach. Jetzt ham ma gar nichts mehr, der hats uns nur leihweise geliehen. *Beide stehen auf........*

MEISTER: *(bringt hupfenden Notenständer)* So, da hams jetzt an andern[.]

KARLSTADT: Der ist für sie zu klein, den kann man höher machen, da brauchens nur das Ding da raustun *(hupft hinauf)* Sie da ist was passiert[.]

VALENTIN: Der ist hinauf gfalln.

THEATERMEISTER: So – ganz von selbst?

KARLSTADT: Ja, wir ham nur naufgschaut, dann ist er schon davon ghupft[.]

MEISTER: Sie müssen doch alles kaput machen – da hams an andern *(bringt den kleinen wackligen[)]*

BEIDE: Sie, den kann man nicht brauchen, der ist zu weich.

MEISTER: *(bringt elektrischen) Beide blasen[.]*

KARLSTADT: Blasens doch nicht immer daher, da ziehts ja[.]

VALENTIN: Jetzt hab ichs gsehn, mitn Fuss hams hingstossen. *Beide versuchen immer wieder zu blasen, aber Ständer dreht sich immer, beide laufen um den Ständer herum.....* Sie der fliegt davon.

MEISTER: Ach Unsinn — da hams an andern *(bringt den doppelten Ständer) Beide blasen, Ständer wird immer länger — Beide holen sich einen Stuhl, steigen hinauf, blasen weiter, Orchester spielt auch weiter.*

VALENTIN: *Schreit* so hörns doch auf, sehns denn nicht, dass er wachst.

BEIDE: *z. Publikum* Haben sie das gesehen, wir haben jetzt da geblasen jetzt ist der Notenständer immer länger geworden, wenn wir jetzt keinen Stuhl hätten, könnten wir gar nicht mehr auf unsere Noten schauen. *(Währenddessen ist der Notenständer wieder klein geworden. Beide steigen wieder vom Stuhl herab, und sagen* »Jetzt weil wir am Stuhl droben gstanden sind, jetzt ist der Notenständer wieder ganz herunte, jetzt brauch ma kein Stuhl mehr.......[«] *Während dessen ist der Ständer wieder gross geworden.......*

Beide schauen ganz erstaunt — KARLSTADT: Sie da herin spuckts[.]

VALENTIN: *(spuckt aus)* KARLSTADT: *sieht die Schnur....* Ahhhhhh jetzt hab ichs gsehn, gehns her, ich sag Jhnen was, können sie sich das denken, [wie das] geht mit dem Notenständer?

VALENTIN: Ja, der hat vielleicht an Kunstdünger hingschmiert, und dadurch wachst der Ständer[.]

KARLSTADT: Nein, ein Schnürl hat er hinghängt, und da zieht er immer an, dadurch wird der Notenständer immer länger und kürzer.

VALENTIN: Dem schneiden wir das Schnürl ab — *(Während der Zeit hat Theatermeister den Ständer geholt, und einen andern dafür hingestellt, beide haben nichts bemerkt, weil sie auf der Seite gestanden sind,.....*

KARLSTADT: Passens auf, da muss ein Schnürl liegen, obacht tretens nicht drauf, so ein kleines längliches Schnürl ists.

VALENTIN: *(sieht das Schnürl am Notenständer – zieht an,*
Ständer schiesst und fällt herunter).
Beide schreien auweh *und laufen ab.*

Wie heisst der Notenwart?

Von Karl Valentin 1941

Musiker stimmen ihre Instrumente (4 Mann Blechmusik).
Ort: ein Wirtschaftsgarten. – Bombardonist: Karl Valentin.
C-Trompeter: Herr Rot. Klarinettist: Frl. Karlstadt. Posau-
nist: Herr ....

VALENTIN: Also, spiel ma wieder oan, dass d'Zeit vergeht!
KARLSTADT: Habt Ihr die Noten schon ausgeteilt?
ROT: Freilich!
VALENTIN: Also los! Lasst die Klänge klingen!
  (Jeder von den 4 Musikanten bläst nun ein anderes Stück –
  der eine einen Mazurka, der andere einen Walzer, der dritte
  ein Lied und der vierte einen Galopp. – Nach einigen Tak-
  ten hören alle wieder auf und Valentin sagt:)
VALENTIN: Ja, was is denn dös für ein Verhau! – Da spielt ja
  jeder was anders, dös is ja 's reinste vielharmonische Orchester! I sag's ja, seit wir keinen Notenwart mehr hab'n,
  klappt's bei uns nimmer; schad, dass er nicht mehr bei uns
  is, der .... no – wia hat denn unser Notenwart g'hoassen .... no, der .... jetzt fallt mir sein Name nicht
  mehr ein!
KARLSTADT: Der Gallinger Schorschl!
VALENTIN: Gallinger hat er nicht g'hoassen – der Gallinger
  war ja so ein Grosser – der Dings war ja nicht gross – – –
KARLSTADT: Wer?
VALENTIN: No ja, den wo ich meine ....
KARLSTADT: Ich *weiss* ja nicht, wen Du meinst ....
VALENTIN: Um das handelt es sich doch, weil wir nicht wis-
  sen, wie der heisst.

KARLSTADT: Ja, *ich* weiss doch nicht, wie der heisst!

VALENTIN: Ja, dös weiss ich schon, dass Du das nicht weisst; wir wissen's ja auch net.

KARLSTADT: Ja, wie könnt ma jetzt dös wissen, wie der heisst!

VALENTIN: Am sichersten wird's er selbst wissen, wie er heisst. – Wisst Ihr was? Wir schreiben ihm eine Postkarte!

ALLE: Ja, dös tun wir!

VALENTIN: Ja aber – – – wenn wir nicht wissen, wie er heisst, können wir ihm doch net schreiben!

ROT: *(besinnt sich – Pause)* Hat er net Ott g'heissen?

VALENTIN: Na na, Ott hat er nicht g'heissen; so viel ich mich erinnere, war es ein ganz kurzer Name!

KARLSTADT: Ott *ist* doch ein kurzer Name!

VALENTIN: Ott ist *zu* kurz; unser Notenwart hat so ähnlich g'heissen wie unser früherer Posaunist, der........, jetzt weiss ich dem sein' Namen auch nicht mehr!

KARLSTADT: Eisele.

VALENTIN: Na na, so hat unser Posaunist nicht g'heissen; das war kein so metalliger Name wie Eisele, im Gegenteil, so ein hölzerner Name!

ALLE: *Holzinger!* – Gott sei Dank, dass wir wenigstens dem sein' Namen wissen! – Aber – wie der Notenwart g'heissen hat, ob uns dös noch einfallt!?

WIRT: *(schreit von hinten aufs Musikpodium hinauf:)* Macht doch eine Musik, ich zahl Euch doch net fürs saudumme Daherreden!

VALENTIN: *(schreit zum Wirt hin:)* Es handelt sich um den Namen von unserem früheren Notenwart! – Der Name fällt uns nicht mehr ein – net ums Verrecka!

WIRT: Das ist doch wurscht, wie der g'heissen hat!

VALENTIN: Ja *Ihnen* schon, aber *uns* ist's nicht wurscht! Ihnen is' schliesslich auch net wurscht, ob Sie Magdalena oder Blasius heissen!

WIRT: Das Publikum will nicht Euer Geschnatter hören, sondern ein Konzert.

VALENTIN: Also, fang ma an! *(Doppel-Adler-Marsch wird*

geblasen) – (Mitten unter dem Marsch hört Valentin plötzlich auf und schreit:)

VALENTIN: Aufhören! – Jetzt is mir's eing'fallen, wie unser Notenwart g'heissen hat! *Pfaffinger* hat er g'heissen!!!

ALLE: *Stimmt!* – Ja, Pfaffinger hat er g'heissen! *(Alle blasen wieder weiter)*

WIRT: Weiter spielen!

VALENTIN: *(als der Marsch zu Ende ist, besinnt er sich einige Sekunden und sagt:)* Nein! – Nein! Da hab ich mich getäuscht! – Pfaffinger hat er *auch* net g'heissen!

ALLE: Jawohl, *Pfaffinger* hat er g'heissen, das wissen wir *ganz* bestimmt!

VALENTIN: – – – Sein *Bruder* hat Pfaffinger g'heissen!

KARLSTADT: *(alle lachen)* Rindviech, wenn sein Bruder Pfaffinger g'heissen hat, dann heisst doch er *auch* Pfaffinger!

VALENTIN: Na!!! – Dös war ja sein *Stief*bruder!!!

Unterbrechungen

HERR N. N.: Wie gesagt, meine Frau, die Sie sehr gut kennen, hat.....

VALENTIN: Verzeihen Sie, dass ich Sie unterbreche....

HERR N. N.: Bitte!

VALENTIN: Weil Sie grad von Ihrer Frau sprechen: meine Frau wollte sich gestern einen neuen Hut kaufen, geht in ein Geschäft hinein....

HERR N. N.: Verzeihen Sie, dass ich Sie unterbreche...

VALENTIN: Bitte!

HERR N. N.: Weil Sie soeben von einem Geschäft sprechen, Sie kennen doch das Geschäft in der Bahnhofstrasse, neben dem Radiogeschäft...

VALENTIN: Verzeihen Sie, dass ich Sie unterbreche!

HERR N. N.: Bitte!

VALENTIN: Weil Sie grad von einem Radio sprechen: seit mehr oder 5 Jahren hat mein Radio tadellos funktioniert. Gestern schalte ich ein, ist gerade die Stunde der Gymnastik und ich.....

HERR N. N.: Verzeihen Sie, dass ich Sie unterbreche.

VALENTIN: Bitte!

HERR N. N.: Weil Sie von Gymnastik sprechen: mein Neffe, ein strammer aber etwas kränklicher Mensch, ging zum Hausarzt und liess sich.....

VALENTIN: Verzeihen Sie, dass ich Sie unterbreche!

HERR N. N.: Bitte!

VALENTIN: Weil Sie soeben vom Hausarzt sprechen: mein Hausarzt wohnt zufällig im selben Haus, in dem ich wohne: ich hatte einen furchtbaren Husten, er untersuchte mich.....

HERR N. N.: Verzeihen Sie, dass ich Sie unterbreche!

VALENTIN: Bitte!

HERR N. N.: Weil Sie grad vom Husten reden: ich hatte auch kürzlich einen Husten und das erzählte ich der Frau Haberstroh, die neben uns wohnt, ich habe....

VALENTIN: Verzeihen Sie, wenn ich Sie unterbreche[.]

HERR N. N.: Bitte!

VALENTIN: Weil Sie soeben vom Stroh reden: bei meiner letzten Gebirgstour übernachteten wir in einer Berghütte; weil dort keine Betten mehr zur Verfügung standen, schliefen wir die ganze Nacht auf Stroh; ich war kaum eingeschlafen, da hörte ich plötzlich....

HERR N. N.: Verzeihen Sie, wenn ich Sie unterbreche[.]

VALENTIN: Bitte!

HERR N. N.: Weil Sie soeben vom einschlafen sprechen, ich leide seit einiger Zeit an Schlaflosigkeit; da sagte mir ein guter Freund, wenn Du nicht gut schläfst, da ist das einfachste Mittel, Du kaufst Dir ein elektrisches Heizk....

VALENTIN: Verzeihen Sie, dass ich Sie unterbreche[.]

HERR N. N.: Bitte!

VALENTIN: Weil Sie soeben vom Elektrischen reden: ich fahre vorgestern mit der Elektrischen nach dem Bahnhof;

wie ich mir einen Fahrschein kaufen will, hab ich meine Geldbörse vergessen: ich sag zum Schaffner.....

HERR N. N.: Verzeihen Sie, dass ich Sie unterbreche[.]

VALENTIN: Bitte!*

Marke von dem Brief herunter, wollte dieselbe in mein Briefmarkenalbum kleben, ich fand mein Album aber *nicht*,......

VALENTIN: Verzeihen Sie, wenn ich Sie unterbreche[.]

HERR N. N.: Bitte!

VALENTIN: Weil Sie soeben von *nicht* gesprochen haben: meine *Nichte*, die Sie wahrscheinlich *nicht* kennen,.........

HERR N. N.: Verzeihen Sie, dass ich Sie unterbreche[.]

VALENTIN: Bitte!

HERR N. N.: Ich muss jetzt ins Geschäft, ich hab schon höchste Zeit.

VALENTIN: So So, also auf Wiedersehen!

HERR N. N.: Auf Wiedersehen!

VALENTIN: Verzeihen Sie, wenn ich Sie unterbreche[.]

HERR N. N.: Hab keine Zeit mehr – auf Wiedersehen!

VALENTIN: Auf Wiedersehen!

---

* Offensichtlich fehlt an dieser Stelle eine Passage. Daher Textübertragung hier aus einer Variante des Textes im Liesl-Karlstadt-Nachlaß, München, ergänzt:

Herr N. N.: Weil Sie gerade von einer Geldbörse sprechen, ich habe zu meinem Geburtstag von meiner Schwester [ursprünglich: Frau, von K. V. handschriftlich korrigiert] eine wunderbare Geldbörse geschenkt bekommen aus Krokodilleder, ich habe die Geldbörse........

Valentin: Verzeihen Sie, daß ich Sie unterbreche [.]

Herr N. N.: Bitte!

Valentin: Weil Sie von Krokodilleder sprechen: im Zoologischen Garten sind doch einige Krokodile, und [Passage »im Zoologischen [...] Krokodile, und« von K. V. gestrichen] da las ich erst kürzlich in einer Zeitung wie ein Krokodil einem Neger in Afrika gerade in dem Moment....

Herr N. N.: Verzeihen Sie, daß ich Sie unterbreche [.]

Valentin: Bitte!

Herr N. N.: Weil sie soeben von Afrika sprechen: ich habe, weil ich Briefmarkensammler bin, erst einen Brief aus Afrika bekommen; ich löste die

Episode Nr. [5] Begegnung im Walde

Räuberhauptmann u. Gutsbesitzer

Der Hauptmann reitet in seiner gestohlenen Rüstung. Er will zu einem im nächsten Dorf wohnenden Schneidermeister um an seiner Rüstung etwas ändern zu lassen. Der Weg führt i[h]n durch einen dichten Wald, plötzlich kommt aus dem Gebüsch ein Reiter [(]Gutsbesitzer[)]. Beide schauen sich gegenseitig erstaunt an.

HAUPTMANN: Wer sind Sie?
DER ANDERE: Wer sind *Sie?*
HAUPTMANN: Wer *Sie* sind, will ich wissen[.]
DER ANDERE: Und ich will wissen wer *Sie* sind[.]
HAUPTMANN: Ich *bin* wer[.]
DER ANDERE: Ich bin *auch* wer[.]
HAUPTMANN: Aber *wer?*
DER ANDERE: Glauben Sie vielleicht, ich bin *niemand?*
HAUPTMANN: Das *können* Sie nicht sein[.]
DER ANDERE: Können *Sie* vielleicht Niemand sein?
HAUPTMANN: Ich nicht!
DER ANDERE: Und ich *auch* nicht[.]
HAUPTMANN: Nun ja, dann sind wir aber *doch* wer[.]
DER ANDERE: Wer?
HAUPTMANN: *Sie* und *ich*[.]
DER ANDERE: Sie *auch?*
HAUPTMANN: Ja *ich* schon[.]
DER ANDERE: Ich vielleicht *nicht?*
HAUPTMANN: Das kann *ich* nicht behaupten[.]
DER ANDERE: Was?
HAUPTMANN: Dass *Sie* wer sind[.]
DER ANDERE: Wer, *ich?*
HAUPTMANN: Jawohl *ich*, weil Sie *auch ich* sagen[.]
DER ANDERE: Das ist Ihr Glück[.]
HAUPTMANN: Dass Sie nicht *das* sind was *ich* bin[.]

DER ANDERE: Ja zum Donnerwetter, was *sind* Sie denn eigentlich[?]

HAUPTMANN: Das kann ich doch nicht *sagen*[.]

DER ANDERE: Ja ich kann's doch *auch* sagen wer ich bin[.]

HAUPTMANN: Ja *Sie* schon, aber *ich* nicht[.]

DER ANDERE: Ja darf denn das keiner wissen wer *Sie* sind?

HAUPTMANN: Auf *keinen* Fall[.]

DER ANDERE: Darf man's von mir wissen wer ich bin?

HAUPTMANN: Das weiss ich nicht[.]

DER ANDERE: Woher wissen Sie das, dass ich das nicht weiss?

Narrenreden

1. Narrenrede

Das war so! – Wie der moderne Maler malt, so kann der moderne Schriftsteller schreiben.

In Magdeburg am Rhein wohnte eine Verwandte, nämlich meiner Mutter ihre Braut, die gegenwärtig von Mexiko vorübergehend nach Rom reiste.

Dadurch ist das Privatvermögen der Sauerkrautverleihanstalt »Eldorado« in Konkurs geraten, weil die Pläne zur Grundsteinlegung des neuen Kreisrealschul-Projektes durch Prolongation des Innern nicht genehmigt worden sind.

Ich finde es übertrieben, deshalb meine Zimmer tapezieren zu lassen, denn in kurzer Zeit kommt die Sache ans Tageslicht, und wenn sich drei Schwestern heiraten, kann von einem Quartett keine Rede sein.

Mir ist die Sache furchtbar peinlich, denn wenn ich die Gummischuhe einmal getragen habe, faßt der Kanzleisekretär die Sache falsch auf, und statt daß ich für das Segelflugzeug zweihundert Mark Einsatz bekomme, muß ich von Frankfurt bis Köln zu Fuß heimfahren.

Mein Rechtsanwalt gab sich alle Mühe, in 3000 Meter Höhe ein Zündholz aufzutreiben, aber deshalb ist nicht gesagt, ob das Filmdrama einem Lustspiel gleichkommt, denn mit einem bloßen Händedruck kann man heutzutage kein Stiegengeländer lackieren, – und warum? – Weil das Zutrauen fehlt! Obwohl kein Zeuge beweisen kann, daß man mit einem Freibillet eine Telephonstörung vermeiden kann. Die Hauptsache ist schließlich doch, daß der Schönschreibunterricht in den Volksschulen nicht mit dem Walchenseekraftwerk in Fühlung kommt, denn der städtische Knabenhort hat alle Hebel in Bewegung gesetzt, daß eine abermalige Erweiterung des Potsdamerplatzes nur dann zustande kommen darf, wenn sämtliche Kinos in Berlin in Freudenhäuser verwandelt werden. Was natürlich mit einer Verlängerung der Polizeistunde vor Mitternacht nichts zu tun hat. Im gegebenen Falle würde natürlich hygienischen Rücksichten entsprechend ein öffentliches Hausieren mit elektrischen Klavieren nur dann in Betracht kommen, wenn die Lederindustrie zur Erzeugung von Tabakprodukten die Grenze zwischen Ostern und Pfingsten nicht überschreitet. –

Hinsichtlich Paragraph Nummer Null könnte also die Erlaubnis, auf dem Plötzensee ein Trabrennen abzuhalten, nicht erteilt werden, was durch das Entgegenkommen der Kleinwohnungsgenossenschaft sehr in Frage gestellt ist. –

Ob die vier Könige unter den Tarockkarten dieses Jahr noch abdanken, ist ebenfalls fraglich, denn zehn Pfennig für eine Straßenbahnfahrt ohne Speisewagenbenützung ist eher zu teuer als notwendig.

Infolge dieser Preistreiberei können also Hypotheken auf Star- und Maikäferhäuser vor dem 0.ten Dezember 1702 nicht gekündigt werden, ebenso wird Zusendung von Neujahrsenthebungskarten an den beiden Osterfeiertagen gerichtlich verfolgt. Halbamtlich, eigentlich viertelamtlich, sei noch mitgeteilt, daß farbiges Konfetti in den verehrlichen Apotheken nicht mehr als Kopfwehpulver verkauft werden darf, und deshalb rufe ich unter Tränen aus:

Nieder mit dem Aschermittwoch – nieder mit dem Karneval – Es lebe der erste April!!!

Volkus plumentus – ex!? – –

Riesenblödsinn
Original-Vortrag von Karl Valentin

(Vortragender ist komisch gekleidet, hält eine Gitarre in der Hand)

Gestatte mir, Ihnen ein Lied mit Gesang zum Vortrag zu bringen, ich hab' nämlich a wunderbare Stimm', ich hab' das Singen gelernt auf einer Maschine, auf einer Singermaschine, ich hab bis 19 Jahre einen wunderbaren Tenor gehabt, mit 20 Jahren hab' ich an Bass bekommen, einen Reisepass.

Also, ein Lied mit Gesang! *(Vorspiel)* Jetzt fällt mir der
Anfang nicht ein von dem Lied, dddddddd, das ist mir aber
peinlich, daheim hab' ich's grossartig können, aber ich kann
doch jetzt nicht extra heimgehen, an Schluss weiss ich schon,
aber wenn ich mit'n Schluss anfang werd' ich zu früh fertig –
– fällt mir nicht ein – – dann erzähl ich Ihnen derweil was, bis
mir das Lied einfällt. – –

Sehn's, die Gitarr' da, das ist noch ein Andenken von meinem Grossvater, denn diese Gitarre hab' ich mir vor 14 Tagen
gekauft, aber nicht auf einmal, sondern so stückweise, zuerst
hab' ich mir das billige Zeug dazu gekauft *(zeigend)* das Loch
hier!! – Da hab ich eine Mordslauferei gehabt bis ich das
Loch bekommen hab', ich bin zu einem Instrumentenmacher
gegangen und hab' g'sagt: Bitte, hab'n Sie ein Loch? Ja, sagt
er, zu was brauchen Sie denn ein Loch? – sag ich: für meine
Gitarre. – Nein, sagt er, ein solches hab' ich leider nicht! –
Dann hab ich mir ein Ofenrohr gekauft, hab' das Blech von
dem Ofenrohr weggerissen und ich hab dadurch ein Loch bekommen – dann hab' ich um das Loch Bretter machen lassen,
dazu einen Saitenhals, hab Sait'n draufg'spannt und die Gitarre war fertig. Zum Aufzieh'n der 6 Saiten hab ich zwei
Tag' gebraucht, denn ich hab die Saiten in die Schraubwirbel
'nei'gsteckt – hab's drehen angefangen, aber ich hab' vergessen, dass ich die Saiten unten *(zeigend)* ang'hängt hab'! –
Durch dieses unten nicht ang'hängt sein, haben sich die Saiten immer auf den – – – – na – – – das verstehen Sie ja doch
nicht, wenn Sie noch nie im Leben eine Gitarre gesehen haben; für die Gitarre hab' ich einen Sack machen lassen aus
Wachsleinwand – der Sack is immer grösser und grösser
wor'n, weil er aus Wachsleinwand war. – – – Also – ein Lied!

In einem kühlen Grunde, da geht ein Mühlenrad
Mein Liebchen ist verschwunden, das dort gewohnet hat! –

Sehn Sie, das ist ein schönes altes Lied, aber ich find das
furchtbar blöd. – Dös müssen's Ihnen einmal genau überle-
gen – dös kommt doch in dem Lied grad 'raus, als wenn das

Liebchen – also mir is ja ganz wurscht wo de g'wohnt hat – von mir aus kann ja das Liebchen wohnen wo's mag – aber dem Lied nach hat de unbedingt in dem Mühlrad g'wohnt, wia g'sagt, von mir aus kann de wohnen wo's mag, aber wenn das Liebchen wirklich in dem Mühlrad g'wohnt hat, dann hat das Mädel noch koa ruhige Stund' g'habt! – Es gibt ja noch so Lieder: Da hab ich amal einen singen hören, der is auf der Bühne g'standen und hat g'sungen: Ob Du mich liebst, hab ich den Wind gefragt! – An Wind muass er frag'n, er soll's doch glei' selber frag'n, der Gletzenkopf, der kann sich's do denken, dass er da a windige Antwort kriagt! – Einen noch grösseren Blödsinn hab ich in einem Theater singen hören bei der Operette – ich weiss nicht mehr wie's heisst. Da kommt das schöne Lied vor: »Und der Himmel hängt voller Geigen« – also das tät ich mir noch g'fall'n lass'n, dass der Himmel voller Geigen hängt – aber den möcht ich kennen, der wo die vielen Nägel in Himmel 'nei'g'schlag'n hat, wo die Geigen alle dran hängen! – – –

Na, da seh'n Sie doch ganz deutlich,
Hochverehrtes Puplikum,
Nichts als Blödsinn, Blödsinn, Blödsinn,
Nehmens mir die Sach' nicht krumm!

Unpolitische Rede

Hochgeehrte Versammlung!

Es freut mich ungemein, daß Sie, wie Sie, wenn Ihnen das sozusagen irgend jemand beispielsweise, oder daß Sie gewußt hätten, widrigenfalls ohne direkt, oder besser gesagt inwiefern, nachdem naturgemäß es ganz gleichwertig erscheint, ob so oder so, im Falle es könnte oder es ist, wie erklärlicher Weise in Anbetracht oder vielmehr warum es so gekommen sein kann oder muß, so ist kurz gesagt kein Beweis vorhanden, daß es selbstverständlich erscheint, ohne jedoch darauf zurückzukommen, in welcher zur Zeit ein oder mehrere in unabsehbarer Weise sich selbst ab und zu zur Erleichterung beitragen werden, ohnedem es wie ja unmöglich erscheint in bis jetzt noch nie, in dieser Art wiederzugebender Weise, ein einigermaßen in sich selbst, angrenzend der Verhältnisse, die Sie wie Sie, ob Sie gegen sie oder für sie nutzbringend in sich selbst von vorne als gänzlich ausgeschlossen erachtet werden wird, und daß ohnehin einer ferngehaltenen Verschlimmerung ein, oder ein in irgend einen einigermaßen einzig verschwiegen ist.

Dennoch treten eine insgesamt wie sich zeigende, weniger oder einschließlich von unabsehbarer Weite sich kreuzende Meinungsverschiedenheiten die in unbestimmt einschneidende Zirkulationshemmungen auftretenden Gesichtspunkte auf. Gegebenenfalls erscheinen also nie wiederkehrende Emanzipationen, welche einer dringenden Abhilfe, insofern gegenüber zu stehen erscheinen wenn beiderseits die interessenlose Resignation widerspenstiger Auftritte seitens der Gedankenhalluzination beiderlei Geschlechtes sich in mehrheitigen Gesinnungsvibrationen durch Ko[n]trapunkte in nichts verwandeln, und eine parteilose, hochprozentige Stimmungsmehrheit vorläufig zu Tage treten wird.

Gerade die machtlose Erscheinungsmöglichkeit ob und wie, jetzt oder später, ist die Grundessenz der lageveränderten Zeitpunkte, welche keinerlei maßgebende eventuelle Aktualitäten in sich bringt und der zeitweiligen Vernichtung von Privatexistenzen zugrunde liegt, obwohl Europa nie Anteil daran genommen hat.

Ich beschließe die heutige Versammlung und heiße Sie zum Schluße herzlich willkommen und begrüße Sie

Hochachtungsvollst

Im Namen sämtlicher Zuhörer,

habe die Ehre!

Karl Valentin

Vereinsrede

Von Karl Valentin 1937

(Im grossen Raum gesprochen. Volksmenge beim Erscheinen des Volksredners: Bravo-Rufe und Händeklatschen.)

Sehr verehrte Versammlungsteilnehmer!
Wenn ich heute das Wort ergreife, so halte ich es für meine Pflicht, einer Sache näher zu treten, die Ihnen und uns und für alle Zukunft, ein Problem von schwerwiegender Bedeutung zu bleiben scheint. Gewiss haben wir nicht die volle Gewissheit, was in Anbetracht einer Zerklauberei der ewig unmöglich erscheinenden Begleiterscheinungen in sich vereinigt, denn gerade hier, bieten sich einschneidende Bedingungen, die von vorneherein ein für allemal ausgemerzt werden müssen. Die Vergangenheit hat uns gezeigt, dass gerade in diesem Punkte gesündigt wurde, schon aus dem Grunde, weil ein Zusammenkommen jener wichtigen Erscheinungen, stets verschwiegen wurde. Wir haben uns mehr denn je über diese Kleinigkeiten immuniert und haben in Sachen herumgewühlt, statt uns zu sagen »Freunde, geht ans Werk«, »greift zu und ihr werdet es nicht bereuen.«

Glauben Sie nicht meine Herren, o bewahre, schauen Sie sich selbst ins Gesicht und Sie sehen Ihre eigenen Masken, – herunter damit! Nein, fühlen Sie sich nicht dazu genötigt, denken Sie an das Problem der Atomzertrümmerung, denken Sie an die Worte des Sokrates: »Femina, Feminima monstrum Vivat Concenbinatum – o eleonoris causa veni vini vizi.« Meine Herren, Schatten der Gegenwart möchte ich verpflanzen wie Minderwertigkeiten, welche nur zu deutlich aufgerollt werden, wenn uns die Zeit nicht selbst den Stempel des Daseins auf die Stirne drückt. Aber wenn wir der Einsicht näher treten, so werden die Nebenstehenden die Schäden und Nutzen am eigenen Leibe verspüren, denn zu heiss wurde noch keine Suppe gegessen, und wenn, dann verbrennen sich die den Schnabel, die sich mit den bittersten Enttäuschungen selbst am Ufer der Vernunft ins Lächerliche gezogen haben. Es ist nicht gleichgültig, ob ich sage: »ich bin oder ich werde«, – nein, meine Herren, Zufälligkeiten und Abdrosselungen eigener Anschauungen haben sich noch nie zu einer Konservierung von Gedanken verbinden lassen. Wehe dem, der sich selbst, wehe dem, dem derjenige nur das ist, was wir uns von diesem erwartet haben. – Selbst ist die Frau! – Meine Herren! Wenn uns die Besonnenheit uns von unseren Sorgen, deren wenige ein verblendendes Spiel in uns gesetzt, zum Zwecke des Mittels, einen wie bei jedem, wir können nicht das gute Gewissen mit derselben Resignation verknüpfen, der unserem Standpunkt von vorneherein gegenüberstand. Wenn wir in lückenloser Vergangenheit eine Parallelle ziehen, wenn wir uns vergegenwärtigen, dass nur Trotz und ein Gegenspiel von weittragender Bedeutung ein Resultat fördert und damit nie wiederkehrende Gelegenheitsfinumen erzielt werden können und wir hiermit unser Gewissen nicht unnötig belasten, dass eine Voraussagung eventueller Submissionsschwierigkeiten einen spontanen Verlauf nehmen, oder nehmen müssen, dann ist es besser, wir vermeiden jegliche Inspirationen, die durch Sicherungen seitens kollektiver Kongresserörterungen ausgerottet werden. Es gab eine Zeit und diese Zeit lässt sich Zeit, denn im Zeitabschnitte dieses Zeitabschnittes wird die Zeit kommen, die wir zeitlebens nie vergessen werden. Und wenn es am Sonntag wider alles Erwarten wirklich schlechtes Wetter ist, müssen wir unser Stiftungsfest auf den nächsten Sonntag verschieben.

Bravo-Rufe – Applaus!

Historisches

Vortrag von Professor Karl Valentin, 1940

Morgen mittag, ¾ 12 Uhr, sind es 200 Jahre, dass der fromme Schwäbbermann von der Neuhauserstrasse zusammen mit seinem Freund Columbus den Malzkaffee entdeckte. Lange vorher schon, als König Herodes in einer Wirtschaft dem Grafen Zeppelin zeigte, wie man ein Ei auf die Spitze stellt, kam der Stein ins Rollen, den der Riese Goliath dem David an den Kopf warf. Einige Wochen später sah sich König Barbarossa genötigt, der Hochzeit zwischen der Jungfrau Schneewittchen und dem Bergwerksbesitzer Herrn Josef Rübezahl beizuwohnen. Aber das Hochzeitsmahl wurde jäh unterbrochen durch plötzliche Vorbereitungen zum 30jährigen Kriege. Allein schon die Tatsache, dass die feierliche Eröffnung der Zugspitzbahn auf einen Tag vorher verschoben werden musste, brachte unter die Zuschauer des grossen Fussballländerspieles grosse Bestürzung. Pfarrer Kneipp, der sich damals zu einer Kaltwasserkur nach Wörishofen begab, um dort Heilung zu finden, die er auch fand, arbeitete damals schon an den Plänen des Walchenseeprojektes. Napoleon Bonaparte, der sich mit seinem Schulkameraden Negus von Abbessinien während einer Verdunkelungsübung den Boxkampf des Weltmeisters Nurmi anhörte, liess sich von Professor Piccard mit den neu erfundenen Todesstrahlen impfen und hatte es faustdick hinter den Ohren. Dem Edison sein Sohn, der bei einem Kameradschaftsabend im Beisein von Andreas Hofer im Restaurant zum Fünfwaldstätter-See einen Vortrag hielt über den letzten Stratosphärenflug des Motorfahrers Max Schmeling, wurde vom Prälat des oberbayerischen Hopfenzupfer-Syndikats der Nobelpreis für Fingernägelbeissen verliehen. Wenn man nun eine Parallele zieht zwischen den Befreiungskriegen und dem Fortschritt der Farbenphotographie, so verknüpft sich in einem selbst der Gedanke an Maria Stuart, als sie auf der Ruine von Karthago stehend ausrufte: »Ist denn kein Stuhl da für meine Hulda?«

Mit Wehmut denkt heute jeder noch zurück, als die Schillers Glocken den Frieden von 1940 einläuteten! Hans Albers gab 10 Minuten hierauf die Anregung, der Münchner Schäfflertanz soll nicht wie üblich im Grunewald, sondern am Aequator abgehalten werden. Doch Kurfürst Max Emanuel trat ihm energisch entgegen und stiftete bei der Hochzeit zu Kanaa zehn Portionen Jopa-Eis, was wieder zur Folge hatte, dass unter den Klängen des Tölzer Schützenmarsches das Volksauto seinen Einzug hielt. Da stiftete nun zum Trotz Kaiser Nero zur Einweihung des Wittelsbacher Brunnens 10 Hektoliter Mangfallwasser. Das ärgerte den alten Diogenes so, dass er sein Fass verkaufte und mit dem Lohengrin seinen Schwan auf dem Rhein vor dem Loreley-Felsen vorbeifuhr und zur Loreley hinaufschrie: »Ich weiss nicht, was soll das bedeuten...« – Genau wie jeder vernünftige Mensch nach diesem Vortrag sich denken wird: »Ich weiss nicht, was soll das bedeuten!«

Die Geldentwertung

Vortrag, gehalten von Herrn Hepperteppeneppi, der sich in angeheitertem Zustand befand.

(*Handglocke*) Die Worte meines Vorredners, ich möchte es unterlassen mich zu Worte zu melden, da ich betrunken sei, ist nicht wichtig. – – Ich bin – das – verneine ich nicht – nicht betrunken – sondern – ich gebe zu – etwas – angeheitert. Wer kann bestreiten, dass ein heiterer – vielmehr angeheiterter Mensch – nicht auch ernste Angelegenheiten zu debattieren im Stande sein kann – wieviele Redner waren schon nüchtern und haben einen furchtbaren Papp zusammengepapt – vielmehr gepappt. Zu meinem heitigen Thema über die Geldaufwertung – oder Ab – oder Entwertung – möchte ich die Erklärung konstatieren, dass es sich um eine finanzielle Angelegenheit handelt. – Es ist ein schmieriges – Verzeihung – ein schwieriges Problem, von fantastischer – ah fanatischer Bedeitung. Die Aufwertung hat mit einer Stabilität nichts gemein – gemein wäre das, wenn die Entwertung oder Auswertung einer Aufwertung gleichkäme, dann ist eine Installation unausbleiblich. Eine Auflockerung, vielmehr Auflockerung des Wirtschaftslebens wird nur dann konfisziert, oder besser gesagt kompliziert, wenn das Ausland Kompromissemanzipationen entgegennimmt. Unsere Mark stinkt – ah – sinkt in dem Moment, wenn... jetzt weiss ich nicht mehr, was ich hätt sagen wollen – – aber es ist so. Was ist heute eine Mark? – Ein Papierfetzen. Ausserdem sind es nur zwei Fuchzgerln. Fuchzgerln aus Hartgeld und das ist ein schäbiges Blech, genannt Amilinium. Warum werden heute keine Goldmünzen mehr geprägt? – Sehr einfach, weil wir kein Gold mehr haben. Wir haben keins mehr, weil das ganze Gold zu Goldplomben verarbeitet wurde.

Die Ursache – das Volk hat schlechte Zähne, weil wir vor dem Krieg zu viel Süssigkeiten genossen haben. Alles wollte nur Goldplomben nach dem wahren Sprichwort: Morgenstund hat Gold im Mund. Jetzt ist es zu spät, zu Goldplomben – es ist sogar heute nicht mehr möglich, sich Zementplomben machen zu lassen, weil es auch keinen Zement mehr gibt. Daher wieder Papiergeld. Raus mit den braunen Tausendern, die braune Farbe hat gar nichts zu tun damit, die waren schon braun im 18. Jahrhundert, damals waren wir noch gar nicht verbrannt. – Also, wertet die braunen Tausender wieder auf, man braucht sie nur zu suchen, die sind alle vergraben – raus mit dem Papiergeld – wi[r] brauchen kein Hartgeld – das Geld ist sowieso hart zu verdienen – oder schafft das Geld ganz ab und dann ihr zugleich auch die Kriege ab – denn Geld regiert die Welt, das weiss jedes junge Kind. Geld ist ein Kapitel für sich – Kapital ist die Ursache jedes Krieges – also nieder mit dem Kapital! – Es lebe der Krieg – ah – nieder mit dem Krieg! Nieder mit dem Krieg – es lebe das Kapital. Nieder mit dem Finanzamt – es lebe die Geldentwertung. – Nieder mit dem Hartgeld – es lebe das Weichgeld. – Nieder mit den Lebendigen – es leben die Toten. – Nieder mit den Hohen – es leben die Niedrigen. – Nieder mit den Niedrigen – es leben die ganz Niedrigen. – Nieder mit dem Verstand – es lebe der Blödsinn.

Verkaufsgespräche

In der Apotheke

(Ladenglocke)

VALENTIN: Guten Tag, Herr Apotheker!

APOTHEKER: Guten Tag, mein Herr, Sie wünschen?

VALENTIN: Ja, das ist schwer zu sagen.

APOTHEKER: Hahaha, gewiss ein lateinisches Wort?

VALENTIN: Nein, nein, vergessen hab ich's.

APOTHEKER: Na ja, da kommen wir schon drauf, haben Sie kein Rezept?

VALENTIN: Nein!

APOTHEKER: Was fehlt Ihnen denn eigentlich?

VALENTIN: Nun ja, das Rezept fehlt mir.

APOTHEKER: Nein, ich meine: Sind Sie krank?

VALENTIN: Wie kommen Sie denn auf so eine Idee. Schau ich krank aus?

APOTHEKER: Nein, ich meine, gehört die Medizin für Sie oder für eine andere Person?

VALENTIN: Nein, für mein Kind.

APOTHEKER: Ach so, für Ihr Kind. Also, das Kind ist krank. Was fehlt denn dem Kind?

VALENTIN: Dem Kind fehlt die Mutter.

APOTHEKER: Ach, das Kind hat keine Mutter?

VALENTIN: Schon, aber nicht die richtige Mutter.

APOTHEKER: Ach so, das Kind hat eine Stiefmutter.

VALENTIN: Ja ja, leider, die Mutter ist nur stief statt richtig, und deshalb muss sich das Kind erkältet haben.

APOTHEKER: Hustet das Kind?

VALENTIN: Nein, es schreit nur.

APOTHEKER: Vielleicht hat es Schmerzen?

VALENTIN: Möglich, aber er ist schwer. Das Kind sagt nicht, wo es ihm weh tut. Die Stiefmutter und ich geben uns die grösste Mühe. Heut hab ich zu dem Kind gsagt, wenn Du schön sagst, wo es Dir weh tut, kriegst Du später mal ein schönes Motorrad.

APOTHEKER: Und?

VALENTIN: Das Kind sagt es nicht, es ist so verstockt.

APOTHEKER: Wie alt ist denn das Kind?

VALENTIN: 6 Monate alt.

APOTHEKER: Na, mit 6 Monaten kann doch ein Kind noch nicht sprechen.

VALENTIN: Das nicht, aber deuten könnte es doch, wo es die Schmerzen hat, wenn schon ein Kind so schreien kann, dann könnts auch deuten, damit man weiss, wo der Krankheitsherd steckt.

APOTHEKER: Hat's vielleicht die Finger immer im Mund stecken?

VALENTIN: Ja, stimmt!

APOTHEKER: Dann kriegt es schon die ersten Zähne.

VALENTIN: Von wem?

APOTHEKER: Na ja, von der Natur.

VALENTIN: Von der Natur, das kann schon sein, da brauchts aber doch net schrein, denn wenn man was kriegt, schreit man doch nicht, dann freut man sich doch. Nein, nein, das Kind ist krank und meine Frau hat gsagt: »Geh in d' Apothekn und hol einen – – –?[«]

APOTHEKER: Kamillentee?

VALENTIN: Nein, zum Trinken ghörts nicht.

APOTHEKER: Vielleicht hats Würmer, das Kind.

VALENTIN: Nein, nein, die tät man ja sehn.

APOTHEKER: Nein, ich mein innen.

VALENTIN: Ja so, innen, da haben wir noch nicht reingschaut.

APOTHEKER: Ja, mein lieber Herr, das ist eine schwierige Sache für einen Apotheker, wenn er nicht erfährt, was der Kunde will!

VALENTIN: D' Frau hat gsagt, wenn ich den Namen nicht mehr weiss, dann soll ich an schönen Gruss vom Kind ausrichten, ah, von der Frau vielmehr, und das Kind kann nicht schlafen, weils immer so unruhig ist.

APOTHEKER: Unruhig? Da nehmen Sie eben ein Beruhigungsmittel. Am besten vielleicht Isopropilprophemilbarbitursauresphenildimethildimenthylaminophirazolon.

VALENTIN: Was sagn S'?
APOTHEKER: Isopropil.......
VALENTIN: Wie heisst dös?
APOTHEKER: Isopropil.........
VALENTIN: Jaaaa! Dös is! So einfach, und man kann sichs doch nicht merken!

Im Hutladen

(Ladenglocke)
VERKÄUFER: *(im Herrenhutgeschäft)* – – Guten Tag – Sie wünschen?
VALENTIN: Einen Hut.
VERKÄUFER: Was soll das für ein Hut sein?
VALENTIN: Einen zum Aufsetzen.
VERKÄUFER: Ja, anziehen können Sie einen Hut niemals! Einen Hut muss man immer aufsetzen.
VALENTIN: Nein, immer nicht. In der Kirche zum Beispiel kann ich den Hut nicht aufsetzen.
VERKÄUFER: In der Kirche nicht – – aber Sie gehen doch nicht immer in die Kirche.
VALENTIN: Nein! Nur da und hie!
VERKÄUFER: Sie meinen: nur hie und da!
VALENTIN: Ich will einen Hut zum Auf- und Absetzen.
VERKÄUFER: Jeden Hut können Sie auf und absetzen! Wollen Sie einen weichen oder einen steifen Hut?
VALENTIN: Nein – einen grauen!
VERKÄUFER: Nein! Ich meine, was für eine Fasson?
VALENTIN: Eine farblose Fasson!
VERKÄUFER: Sie meinen eine schicke Form – – wir haben allerlei schicke Formen in allen Farben!
VALENTIN: In allen Farben? Dann hellgelb!
VERKÄUFER: Aber hellgelbe Herrenhüte gibt es nur im Karneval, einen hellgelben Herrenhut können Sie doch nicht tragen!

VALENTIN: Ich will ihn ja nicht tragen, sondern aufsetzen!

VERKÄUFER: Mit einem hellgelben Hut werden Sie ja ausgelacht!

VALENTIN: Aber Strohhüte sind doch hellgelb!

VERKÄUFER: Ach, Sie wollen einen Strohhut?

VALENTIN: Nein, ein Strohhut ist mir zu feuergefährlich!

VERKÄUFER: Asbesthüte gibt es leider noch nicht! – – Schöne weiche Filzhüte hätten wir.

VALENTIN: Die weichen Filzhüte haben den Nachteil, dass man sie nicht hört, wenn sie einem vom Kopf auf den Boden fallen.

VERKÄUFER: Na, dann müssen Sie sich einen Stahlhelm kaufen, den hört man fallen!

VALENTIN: Als Zivilist darf ich keinen Stahlhelm tragen.

VERKÄUFER: Nun – müssen Sie sich aber bald entschliessen, was Sie für einen Hut wollen.

VALENTIN: Einen neuen Hut!

VERKÄUFER: Ja, wir haben nur neue.

VALENTIN: Ich will ja einen neuen.

VERKÄUFER: Ja, aber was für einen?

VALENTIN: Einen Herrenhut!

VERKÄUFER: Damenhüte führen wir nicht!

VALENTIN: Ich will auch keinen Damenhut!

VERKÄUFER: Sie sind sehr schwer zu bedienen, ich zeige Ihnen jetzt mehrere Hüte!

VALENTIN: Was heisst, mehrere, ich will doch nur einen, ich habe ja auch nur einen Kopf.

VERKÄUFER: Nein – zur Auswahl zeige ich Ihnen mehrere.

VALENTIN: Ich will keine Auswahl haben, sondern einen Hut, der mir passt!

VERKÄUFER: Natürlich muss ein Hut passen, wenn Sie mir Ihre Kopfweite sagen, dann werden wir schon einen passenden finden.

VALENTIN: Meine Kopfweite ist bei weitem nicht so weit, wie Sie denken! Ich habe Kopfweite Nr. 55 – – will aber Hutnummer 60 haben.

VERKÄUFER: Dann ist Ihnen ja der Hut zu gross.

VALENTIN: Aber, er sitzt gut! Habe ich aber einen um 5 Minuten kleiner, der fällt mir runter.

VERKÄUFER: Das hat auch keinen Sinn, wenn man Kopfweite 55 hat, dann muss auch die Hutnummer 55 sein! Das war schon von jeher so.

VALENTIN: Von jeher! – – Das ist ja eben das traurige, dass die Geschäftsleute an den alten Sitten und Gebräuchen hängen, und nicht mit der Zeit gehen!

VERKÄUFER: Was hat denn die Hutweite mit der neuen Zeit zu tun?

VALENTIN: Erlauben Sie mir: die Köpfe der Menschen bleiben doch nicht dieselben! Die ändern sich doch fortwährend!

VERKÄUFER: Innen – – aber aussen doch nicht! Wir kommen da zu weit.

VALENTIN: Ja, Sie wollten doch die Weite wissen!

VERKÄUFER: Aber, doch nicht von der neuen Zeit, sondern von Ihrem Kopf!

VALENTIN: Ich habe Ihnen nur erklären wollen, dass die Menschen in der sogenannten guten alten Zeit andere Köpfe hatten als heute.

VERKÄUFER: Das ist Quatsch – – natürlich hat jeder Mensch, so lange die Welt besteht, seinen eigenen Kopf, aber wir reden doch nicht von der Eigenart, sondern von der Grösse Ihres Kopfes – – also, lassen Sie sich von mir belehren, nehmen Sie diesen Hut hier Nr. 55, der Hut kostet 15 Mark, ist schön und gut und ist auch modern.

VALENTIN: Natürlich lasse ich mich von Ihnen belehren, denn Sie sind Fachmann, – also der Hut ist modern? sagen Sie.

VERKÄUFER: Ja, was heisst heute modern! Es gibt heute Herren, sogenannte Sonderlinge, die laufen ja im Sommer und Winter bei Schnee und Eis, ohne Hut im Freien herum und behaupten, das sei das Modernste.

VALENTIN: So – – keinen Hut tragen ist das Modernste? Ja, dann kauf ich mir keinen! Auf Wiedersehen!

Bei Schaja

VERKÄUFER: Sie wünschen?

VALENTIN: Eine Leika.

VERKÄUFER: Zurzeit haben wir leider keine da.

VALENTIN: Wann bekommen Sie wieder welche?

VERKÄUFER: Schauen Sie in vierzehn Tagen wieder her.

VALENTIN: Her schauen? Ich seh so schlecht! Ausserdem wohne ich in Planegg, 15 km von München entfernt, und so weit sehe ich nicht!

VERKÄUFER: Ich meine, Kommen Sie in vierzehn Tagen wieder her!

VALENTIN: Kommen ja. Und da haben Sie Leikas bekommen?

VERKÄUFER: Vielleicht!

VALENTIN: Vielleicht? Ich kann ja auch nicht »vielleicht« kommen, ich komme bestimmt.

VERKÄUFER: Bestimmt? Ich kann natürlich nicht garantieren, ob in vierzehn Tagen bestimmt Leikas eingetroffen sind.

VALENTIN: Dann ist es auch nicht nötig, dass ich in vierzehn Tagen kommen soll.

VERKÄUFER: Sie können ja auch später kommen.

VALENTIN: Um wie viel Uhr?

VERKÄUFER: Ich meine – acht Tage später kommen.

VALENTIN: Also in drei Wochen?

VERKÄUFER: Ja! Sie können ja auch früher kommen.

VALENTIN: Wer? Ich –?

VERKÄUFER: Nein – die Leikas.

VALENTIN: Und ich erst in drei Wochen?

VERKÄUFER: Nein! Wenn die Leikas früher eintreffen, dann können Sie früher eine haben, wenn wir welche haben.

VALENTIN: Wenn ich aber auch früher komme und Sie haben noch keine, soll ich dann etwas später kommen?

VERKÄUFER: Selbstverständlich.

VALENTIN: Wann?

VERKÄUFER: Das ist unbestimmt.

VALENTIN: Und wann wäre es dann bestimmt?

VERKÄUFER: Sobald welche da sind.

VALENTIN: Momentan haben Sie also keine da?

VERKÄUFER: Nein!

VALENTIN: Am liebsten wäre es mir, ich hätte jetzt gleich eine haben können, dann bräucht ich überhaupt nicht mehr zu kommen.

VERKÄUFER: Das wäre mir auch das Liebste, wenn Sie nicht mehr kommen würden.

VALENTIN: Ich soll nicht mehr kommen?

VERKÄUFER: Freilich können Sie kommen, aber doch erst, wenn wir wieder Leikas haben.

VALENTIN: Und wann haben Sie welche?

VERKÄUFER: Ich sagte Ihnen ja schon, schauen Sie in vierzehn Tagen wieder her!

VALENTIN: Her schauen? Ich seh' so schlecht! Ausserdem wohne ich in Planegg, 15 km von München entfernt, und so weit sehe ich nicht!

»– – Und so weiter und so fort – – –![«]

Interessante Unterhaltungen

Haben Sie Zeit, geh'n S' mit

(interessante Unterhaltun(g)

HERR B.: So. heut hätt'ns Zeit? Also gehns mit.

VALENTIN: Wohin?

HERR B.: Irgend wohin!

VALENTIN: Ja, da war i scho amal!

HERR B.: So?

VALENTIN: Ja!

HERR B.: So, da warn sie schon amal?

VALENTIN: Ja, öfters scho!

HERR B.: Ja, dann hats keinen Sinn, i hab g'meint, Sie warn überhaupt noch nicht dort!

VALENTIN: Na! Na! überhaupt scho glei gar net!

HERR B.: Da müssns scho entschuldigen, des hab i net gwusst!

VALENTIN: Selbstverständlich, des habens ja nicht wissen können!

HERR B.: No, des will i grad net sagn, – – da Peter war ja a no net drüben!

VALENTIN: Da Peter a no net?

HERR B.: Na!

VALENTIN: Vom Peter hätt i des net vermutet. – So, der wa a no net dort?

HERR B.: Ja – – – i kanns net mit Sicherheit sagn, – vielleicht war er vorher scho amal dort!

VALENTIN: Das kann a sein!

HERR B.: Der Peter is eben so a Mensch, wenn der sagt, er geht da und da hin, dann geht er auch hin!

VALENTIN: I bin genau so, i hätt schon oft, irgendwohin gehn solln und im letzten Moment hab i mir dann denkt, a was, gehst doch hin!

HERR B.: Sans dann hinganga?

VALENTIN: Ja – –, bin aber net lang dort blibn!

HERR B.: Dös is lang gnua!

97

VALENTIN: Dös sag i a – – – was hab i denn davon? – Is schad um d'Zeit.

HERR B.: Des stimmt! … Zeit is Geld!

VALENTIN: Na, – – des stimmt net – – Zeit hab i gnua, aber kein Geld! – – – Wenn i so viel Geld hätt wie Zeit, dann hätt i mehr Geld wie Zeit!

HERR B.: Dann hättn sie keine Zeit mehr, dass mit mir wohin gehen!

VALENTIN: Dann nicht aber heut hätt ich noch Zeit!

(Wieder von vorne beginnend)

Geht 2–3 mal durch und dann unterbrechen: Jetzt müess' ma aufhör'n, sonst merken's die Hörer, dass das immer wieder von vorn o'geht.

Gespräch am Springbrunnen

KARLSTADT: *steht am Sendlingertorplatz in München und betrachtet sich den Springbrunnen, und meint zu einem neben ihm stehenden Herrn:* So ein Springbrunnen ist doch etwas Herrliches.

VALENTIN: Wenn er springt, is er sehr schön.

KARLSTADT: Was heisst springt, wenn er nicht springen würde, wär's ja kein Springbrunnen.

VALENTIN: Was wär's dann für ein Brunnen?

KARLSTADT: Dann wär es keiner.

VALENTIN: Gar keiner?

KARLSTADT: Nein! Gar keiner nicht, es wäre halt dann ein Brunnen, der nicht springt.

VALENTIN: Aber da is er schon.

KARLSTADT: Freilich is er da.

VALENTIN: Aber sehn tut mer ihn nicht.

KARLSTADT: Wenn er nicht springt – nicht.

VALENTIN: Hören tut mer ihn auch nicht.

KARLSTADT: Wenn er springt schon, dann rauscht das Wasser.

VALENTIN: Rauschen tut er, und springen zu gleicher Zeit.

KARLSTADT: Der Springbrunnen rauscht nicht, nur das Wasser.

VALENTIN: Ohne Springbrunnen?

KARLSTADT: Nein, mit Springbrunnen.

VALENTIN: Kann man so einen Springbrunnen kaufen?

KARLSTADT: Nein.

VALENTIN: Woher hat dann unsere Stadtverwaltung den Springbrunnen?

KARLSTADT: Der wurde gestiftet.

VALENTIN: Springend?

KARLSTADT: Nein – da musste zuerst das Wasserbassin betoniert werden, dann wurden die Rohre gelegt und die Blumenanlagen und dann wurde ein Geländer herum gemacht.

VALENTIN: Und dann?

KARLSTADT: War er fertig.

VALENTIN: Aber gesehen hat man ihn noch nicht.

KARLSTADT: Wem?

VALENTIN: Den Springbrunnen selbst.

KARLSTADT: Nein, erst als er aufgedreht wurde, dann ist der Wasserstrahl in die Höhe gesprungen.

VALENTIN: Vor Freude?

KARLSTADT: Na – das ist doch ein Naturgesetz, wenn man einen Wasserhahn aufdreht, springt das Wasser immer in die Höhe.

VALENTIN: Immer nicht, in unserer Küche zu Hause, wenn man den Wasserhahn aufdreht, springt das Wasser hinunter.

KARLSTADT: Eine Küche und der Sendlingertorplatz ist auch zweierlei.

VALENTIN: Aber nützlich ist ein Springbrunnen nicht.

KARLSTADT: Nutzen hat er keinen.

VALENTIN: Warum baut man dann Springbrunnen?

KARLSTADT: Nur zur Zierde, – zum Anschauen.

VALENTIN: Für wen?

KARLSTADT: Für die Bewohner unserer Stadt.

VALENTIN: Wielange existiert der Springbrunnen schon?

KARLSTADT: Ich glaube seit 1860, also fast hundert Jahre lang.

VALENTIN: Nun dann müssen ihn doch alle Münchner schon gesehen haben.

KARLSTADT: Das ist Geschmacksache, was Schönes kann man sich zwei- und dreimal ansehen.

VALENTIN: Zwei- bis dreimal schon, aber so alte Münchner oder gar die, die am Sendlingertorplatz wohnen, müssen sich doch schon an dem Springbrunnen satt gesehen haben.

KARLSTADT: Für die Münchner allein is er auch nicht gemacht worden, sondern hauptsächlich für die Fremden.

VALENTIN: Nein, das stimmt nicht, die Fremden kommen nicht wegen dem Wasser sondern wegen dem Bier zu uns nach München.

KARLSTADT: Das stimmt.

VALENTIN: Mich hat noch nie ein Fremder gefragt: »Sagn's Sie mal, wo kann man hier einen Springbrunnen sehen?« – Alle haben mich gefragt: »Wo ist hier das Hofbräu?«

KARLSTADT: Natürlich kommt kein Mensch wegen dem Wasser nach München und keiner wird aus dem Springbrunnenbassin Wasser saufen wollen.

VALENTIN: Warum haben's dann einen eisernen Zaun drumrum gemacht?

KARLSTADT: Dass man nicht nass wird, wenn man zu nahe an den Springbrunnen hingehen würde.

VALENTIN: Aber im Winter?

KARLSTADT: Im Winter? Da springt er ja nicht.

VALENTIN: Wenn aber ein Fremder im Winter den Springbrunnen sehen will?

KARLSTADT: Das kann er nicht, da muss er schon warten bis es wieder Sommer wird.

VALENTIN: Muss er dann solang in München bleiben?

KARLSTADT: Nein, der fahrt wieder heim und soll im Sommer wieder kommen.

VALENTIN: Wenn er aber nicht mehr kommt?

KARLSTADT: Dann sieht er ihn nicht.

VALENTIN: Da hat's der Münchner leichter, der sieht ihn immer.

KARLSTADT: Im Winter aber nicht?

VALENTIN: Warum springt er nicht im Winter?

KARLSTADT: Da tät der Springbrunnen einfrieren.

VALENTIN: Das ist nicht war, laufendes Wasser friert nie ein.

KARLSTADT: Da haben Sie recht, das hat mir auch einmal ein Installateur gesagt, das wissen vielleicht die Herren Stadträte gar nicht.

VALENTIN: Das muss man den Stadträten sagen, die sind einem vielleicht dafür dankbar, dann könnte man sich doch die Arbeit mit dem Zudrehen ersparen.

KARLSTADT: Gewiss, hieraus sieht man, dass der Laie auch manchmal eine gute Idee haben kann.

VALENTIN: Nur eines ist mir nicht klar, der Springbrunnen springt in die Höhe, dann fällt das Wasser wieder herunter und sammelt sich in dem Wasserbecken und läuft dann zum Ablaufrohr wieder hinaus.

KARLSTADT: Ganz klar, der Ablauf ist wichtiger als der Springbrunnen selbst, denn wenn da kein Ablauf wäre und das Wasser hätte seit dem Jahre 1860 nicht ablaufen können, da wäre vielleicht heute ganz München – ganz Bayern – ganz Deutschland – vielleicht ganz Europa überschwemmt, – was wäre das für eine gewaltige Katastrophe, wenn einer aus Mutwillen das Ablaufrohr verstopfen würde?

VALENTIN: .... ah!!!!...... jetzt weiss ich, warum das man um diesen Springbrunnen ein Geländer gemacht hat.

Bahnhofszene
(Nach der Abfahrt des Zuges)

Portier steht allein auf der Bühne und putzt sich die Brille.

FRAU: *(kommt schwitzend, atemlos mit vielen Koffern gelaufen)*: Bitt schön, sagens mir schnell, ich hab höchste Zeit, wo muß ich einsteign nach Italien?

PORTIER: Grad is er weggfahrn.

FRAU: Jeß Marand Josef!!!!!

PORTIER: Wärns drei Minuten früher komma, hättens ihn noch erwischt.

FRAU: So, dann geh ich nochmal heim und komm drei Minuten früher.

PORTIER: Dann kommas ja noch später.

FRAU: Naa, sagns, warum ist denn der Zug grad ausgerechnet heut drei Minuten früher weggfahrn?

PORTIER: Naa, der Zug ist net drei Minuten früher weggfahrn, Sie san drei Minuten z'spät komma.

FRAU: Das kommt eben daher, wenn man nicht genau weiß, wenn der Zug abfährt.

PORTIER: Hättens ins Kursbuch neigschaut, dann hätten Sie 's g'wußt.

FRAU: Da hab ich ja neigschaut, aber da stehts nicht drin.

PORTIER: Freilich stehts drin.

FRAU: Ja, wissens, ich hab eben kein Kursbuch daheim, jetzt hab ich in mein Kochbuch neigschaut. Und da stehts nicht drin.

PORTIER: Ja, im Kochbuch steht freilich kein italienischer Zug, höchstens der italienische Salat.

FRAU: Drum hab ich ihn auch nicht g'funden, ja nicht einmal im Telephonbuch ist er drin gstanden.

PORTIER: Sie kunnten ja glei im Katechismus nachschaun.

FRAU: Meinas?

PORTIER: Nein, ich mein nur.

FRAU: Ja, ich mein auch nur. Aber ich kanns nicht glauben, daß der Zug schon weggfahrn ist.

PORTIER: Freilich ist er weggfahrn.

FRAU: Ist der einfach weggfahrn und hat die Reisenden alle da gelassen?

PORTIER: Nein, die sind alle mitgfahrn.

FRAU: Ja, warum ham denn die den Zug nicht versäumt?

PORTIER: Weil die nicht zu spät komma sind.

FRAU: Wenn aber die auch zu spät kommen wärn, wär dann der Zug auch weggfahrn?

PORTIER: Ja, aber rentiert hätte er sich dann nicht.

FRAU: Was hätten dann die Reisenden alle gemacht, wenn sie alle den Zug versäumt hätten?

PORTIER: Auch so dumm dreigschaut hättens wie Sie.

FRAU: Kann ich jetzt gar nichts machen?

PORTIER: Das müssen Sie wissen.

FRAU: Ich mein, was ich jetzt tun soll? Denn wenn ich noch a Zeitlang wart, dann versäum ich ihn immer noch mehr.

PORTIER: Fahrns halt mit dem nächsten Zug.

FRAU: Wann geht denn der?

PORTIER: Morgen früh.

FRAU: Ja, das nutzt mich nichts – morgen um die Zeit bin ich ja gar nimmer hier, da bin ich ja schon lange in Italien.

PORTIER: Ja, wie könnens denn da morgen in Italien sein, wenns heut den Zug versäumt haben?

FRAU: Ja, da fahr ich ihm halt nach mit der Trambahn.

PORTIER: Da geht keine Trambahn hin.

FRAU: Dann lauf ich ihm zu Fuß nach, das geht auch, das hab ich schon einmal in einem Kino gsehn.

PORTIER: So schnell wie der Zug fahrt, glaub ich, können Sie nicht laufen, außerdem Sie schicken sich recht.

FRAU: Ja, ich muß nach Italien, ich freu mich schon darauf, warn Sie schon in Italien? Da muß es doch wunderschön sein. Sie, da ist doch der große Vatikan, der immer so speibt?

PORTIER: Verschonens mich mit Ihrer Lava. – Sie sind da im Irrtum, der Vatikan kann doch unmöglich speibn, das ist ja ein Gebäude, und ein Gebäude kann doch nicht speibn.

FRAU: Nein, das ist bestimmt der Vatikan, denn mit V geht er an und dann hab ich ihn schon auf Ansichtskarten gesehn, der ist so groß und oben geht der Dampf naus.

PORTIER: Dann meinen Sie wahrscheinlich den Vesuv.

FRAU: *(geht der Koffer auf und fällt ihr alles Unmögliche heraus)*: Jessas, jessas, so ein Pech wie ich heut habe, zuerst versäum ich den Zug und jetzt fallen mir meine ganzen Reiseutensilien heraus, wenn das jemand sieht, Sie glauben gar net wie ich mich geniere.

PORTIER: Ja, mit *dem* Zeug derfens Ihna freili genieren.

FRAU: *(alles einpackend)*: Ich reise nämlich so selten, Sie glauben gar nicht, wie unbeholfen ich bin.

PORTIER: Dös seh ich schon, jetzt schauns, daß mit dera Brockensammlung bald zum Teufel komma.

FRAU: Mein Gott, der Wecker ist, glaub ich, auch kaputt. Horchens amal.

PORTIER: *Horcht (wirft ihn dann am Boden)*.

FRAU: Ja, wenn Sie's so machen, dann muß er ja hin werden *(wirft ihn auch hin)*.

PORTIER: Ja, mei Frau, je öfters daß'n nunter werfen, desto hiher wird er.

FRAU: Ach Gott, wenn man keinen Menschen hat, ich reis' nämlich ganz allein.

PORTIER: Sie ham doch vier Koffern dabei.

FRAU: Nein, ich mein, wenn eine Frau allein reist, ist es überhaupt nichts, wissens ich bin eine Witwe, ich stehe jetzt 30 Jahre ganz allein am Bahnhof – – ah auf der Welt wollt ich sagen.

PORTIER: Mir waars ja gnua, wenn Sie 30 Jahre am Bahnhof stehen würden, mir glanga schon die 3 Minuten.

FRAU: Wissens, ich war auch verheiratet, aber mein Mann ist als Bub mit 14 Jahren nach Südamerika ausgewandert und ist seit der Zeit nie mehr zurückgekommen. Ich hab ihn nie wieder gesehn – – – Verschollen, aber nicht vergessen.

PORTIER: So fangas ma 's weina auch noch an, tröstens Ihna nur, schauns ich war auch 30 Jahre in Südamerika, bin auch wieder zurückgekommen, der kommt schon wieder, wenns a G'scheidter ist.

FRAU: Oh, das war ein braver Mann, aber ein böser Mann – – aber kommen tut er nicht mehr mein Xaver.

PORTIER: So, Xaver hat er g'hoaßen, ich heiß auch Xaver.

FRAU: So – ja, mein Xaver hat immer zu mir g'sagt: Wally ich komm wieder, aber gekommen ist er nicht mehr.

PORTIER: Was, Sie heißen Wally?

FRAU: Ja, Wally Rembremerdeng –

PORTIER: Und ich heiß Xaver Rembremerdeng.

FRAU: Nein, ich heiß Rembremerdeng.

PORTIER: Und ich auch und in Südamerika war ich auch.

FRAU: Ja, bist *Du* der Xaver? Nein?

PORTIER: Und *Du* d'Wally?

FRAU: Ja, Xaver!!! *(Umarmt ihn und wirft ihm den Koffer auf den Fuß.)*

PORTIER: Ja, Rindviech!!!!

FRAU: 30 Jahre ham wir uns nicht mehr gsehn, hast mich denn nimmer kennt?

PORTIER: Drum ist mir Dein Hut glei so bekannt vorkomma.

Die Kunst des Briefeschreibens

Ein komischer Liebesbrief

Lieber....!

(Hier nennt der Vortragende seinen Vornamen.)
Mit weinenden Händen nehme ich den Federhalter in meine
Hände und schreibe Dir. – Warum hast Du so lange nicht
geschrieben? – wo Du doch neulich geschrieben hast, daß Du
mir schreibst, wenn ich Dir nicht schreibe!! – – Mein Vater
hat mir gestern auch geschrieben; er schreibt, daß er Dir geschrieben hätte. Du hast mir aber kein Wort davon geschrieben, daß Dir mein Vater geschrieben hat. – Hättest Du mir
geschrieben, daß Dir mein Vater geschrieben hat, so hätte ich
meinem Vater geschrieben, daß Du ihm schon schreiben hättest wollen, hättest aber leider keine Zeit gehabt zum Schreiben, sonst hättest Du ihm schon geschrieben.

Mit unserer Schreiberei ist es sehr traurig, weil Du mir auf
kein einziges Schreiben, welches ich Dir geschrieben habe,
geschrieben hast. – Wenn Du nicht schreiben könntest, wär
es was anderes, dann tät ich Dir überhaupt nicht schreiben,
weil dann die Schreiberei keinen Wert hätte, – *so kannst Du
aber schreiben* und schreibst doch nicht, wenn ich Dir
schreibe!

Ich schließe mein Schreiben und hoffe, daß Du mir nun
endlich schreibst, sonst ist das mein letztes Schreiben, welches ich Dir geschrieben habe. – – Solltest Du aber wieder
nicht schreiben, so sage wenigstens dem Ueberbringer dieses
Schreibens, wann und wo wir uns heute noch treffen. *(Vortragender übergibt den Brief wieder dem Ueberbringer mit
den Worten:)* Sag'ns eine schöne Empfehlung von mir und
ich wart ihr heut Nacht um 2 Uhr – Ecke Dachauerstraß' und
Isartorplatz.

*(Vortragender bläst oder singt hierauf den letzten Ton seines
Liedes und geht dann ab.)*

Theaterbesuch

Personen: Der Mann / Die Frau / Nachbarin. Altmodisches, einfaches Zimmer mit Kommode, Tisch, 2 Stühle, kleines Tischerl, elektrische Hängelampe, Kleideraufhänger und Geschirr.

Mann sitzt und liest Zeitung.

FRAU *(kommt)*: Du, Alter, denk dir nur, jetzt geh ich eben über d'Treppen rauf, da begegnet mir unsere Hausfrau und hat mir schon wieder was g'schenkt – rat amal, was mir g'schenkt hat?

MANN: Sei net kindisch – sags halt.

FRAU: Da schau her, zwei Theaterbilletten für'n Faust – was sagst denn du dazu?

MANN: Dank schön!

FRAU: Jetzt dürfen wir heut noch in's Theater gehn.

MANN: Wann geht denn dös an?

FRAU: Dös weiß i net – i geh nunter und frags nochamal.

MANN: Dös geht halt um ½ 8 Uhr an.

FRAU: Jetzt is ja schon ¾ 7 Uhr, da tät ma nimmer fertig werden! Aber die Theater gehn doch meistens erst später an – um 8 Uhr.

MANN: Naa, zwischen ½ 8 Uhr und 8 Uhr geh'ns an.

FRAU: Nein, vor 8 Uhr auf keinen Fall. Immer gehn die Theater erst später an; weißt noch, vor vier Wochen war'n ma amal in an Frühschoppen, der ist erst um 10 Uhr angegangen.

MANN: Ja, was mach ma denn da?

FRAU: Überleg dir's halt net lang, komm!

MANN: Gegessen ham ma auch noch nicht.

FRAU: Das Essen ist fertig.

MANN: Ja, i werd scho fertig, gekämmt bin ich gleich.

FRAU: Das kannst hernach machen, jetzt eß' ma z'erst. *(Geht ab.)*

(Mann nimmt Spiegel und stellt ihn auf den Tisch, dieser fällt immer um.)

FRAU: *(kommt mit Essen)* So jetzt schaun ma, daß wir weiter kommen. Ja gibts denn dös auch – stell'n halt auf. *(Spiegel bleibt stehen, aber verkehrt.)*

MANN: Ich kann doch net sooo neinschau'n.

FRAU: Dreh ihn halt um.

(Mann dreht ihn um, fällt wieder um. – Frau stellt ihn richtig hin. – Mann kämmt sich Bart und Haare.)

FRAU: Jetzt möcht ich bloß wissen, was da zu kämmen gibt – da kannst doch keinen Scheitel mehr machen, aus der Mordstrumm-Platt'n.

MANN: Das bin ich noch so gewöhnt von früher her.

FRAU: Wie nur der Mensch so eitel sein kann – für wen richtst dich denn gar so schön z'samm, mir g'fallst und wem andern brauchst net gfallen.

MANN: Vielleicht sitzt im Theater ein sauberes Madl neben mir.

FRAU: Die wird dann grad dich anschauen, die schaut doch den Faust an!

MANN: I mein ja in der Pause...

(Frau geht und bringt Essen – Schüssel mit Kraut und ein paar Würstchen.)

MANN: Eintopf!

FRAU: Bei uns hats doch noch nie was anderes geb'n. *(Jeder kriegt eine Wurst, er nimmt sie und vergleicht sie, gibt Frau die kleine, er behält die längere. – Beide fahren mit Gabeln ins Kraut, vergabeln sich, er schlägt die Gabeln mit Messer auseinander.)* Da, jetzt ist sie krumm, jetzt weiß ich wenigstens, wer unsere Gabeln immer so kaputt macht. Also eß ma schnell.

MANN: Schnell soll man nicht essen, das ist ungesund.

FRAU: Da hast a Kraut! *(Gibt es ihm.)*

MANN: *(wirfts mit der Hand zurück)* Ich nimm mir mei Sach scho selber. *(Er schaut in den Spiegel hinein.)*

FRAU: Mach doch keine Geckerl, unter'm Essen braucht man doch nicht in den Spiegel schaun.

MANN: Gerade da – dann hat man zwei Portionen. *(Beide essen.)* Was mach ma denn mit unserem Buben, wenn er von der Arbeit heimkommt?

FRAU: Da hab ich schon drandenkt. – S'Essen müß ma ihm warm halten und bevor wir fortgehen, müß ma ihm an Zettel schreiben – iß nur du weiter, den schreib ich gleich. *(Holt aus der Kommode Papier und Tinte.)* Dann schreib ich, daß wir nicht daheim sind.

MANN: Dös brauchst ihm net schreiben, das sieht er ja selber – aber dös mußt ihm schreiben, daß wir fortgangen sind.

FRAU: Das mein ich ja! Ich schreibe ihm, daß wir nicht da sind, weil wir abwesend sind.

MANN: Schreibst: München, den – – –

FRAU: Nein, ich schreib: Lieber – – –

BEIDE: Ja, wie hoaßt jetzt der?

FRAU: Du als Vater wirst doch wissen, wie der Bub heißt –

MANN: Du als Mutter mußt es viel eher wissen.

FRAU: Weil man eben immer Bub zu ihm sagt, ja wie heißt er denn?

MANN: Wart – ich frag die Nachbarin.

FRAU: Naa – da wer'n ma doch selber drauf komma, Jeß-marandjoseph – ah Joseph heißt er – Also: Mein lieber Joseph – – –

MANN: Das kannst net schreiben, weil er mir auch g'hört.

FRAU: Dann schreib ich halt unser lieber Joseph, das d'a Ruah gibst. – Unser lieber Joseph.

MANN: Sehr geehrter Herr, unser lieber Joseph –

FRAU: Dein Essen steht in der Küche am Ofen, mach es dir warm, weil es schon kalt ist...

MANN: Es ist bereits Dezember –

FRAU: Ich mein doch's Essen – – kalt ist und weil wir ins Theater gehen müssen.

MANN: Wenn ma net mögen, müß ma net...

FRAU: Dann schreib ich dürfen – können – wollen – sollen –

MANN: werden.

FRAU: Dann sind wir doch schon fort, wenn er den Zettel liest.

MANN: Dann schreibst: gegangen sind.

FRAU: Sollte das Theater aus werden, dann kommen wir so-fort wieder nach Hause. Es grüßen dich

MANN: Hochachtungsvollst

FRAU: Deine fortgegangenen Eltern, nebst Mutter.

MANN: Bei die Eltern ist doch d'Mutter schon dabei!

FRAU: Dann mach i halt an Punkt, sonst liest dös Rindviech weiter.

MANN: Jetzt schreib noch hin: Solltest du aber das Essen lieber kalt mögen – dann brauchst du es nicht warm zu machen.

FRAU: Weil es sonst zu heiß wird. So, den legen wir jetzt am Tisch her. Oder vielleicht sieht er ihn da net glei – er geht doch meistens bei der Tür herein, dann legen wir den Zettel am Boden her – – –

MANN: Dann tritt er drauf mit dö schmutzigen Stiefeln und kann ihn nicht mehr lesen. *(Stellt ihn auf das Seitentischerl mit Blumenvase.)*

FRAU: Das ist nichts, da, mit dem Blumenbukett da meint er ja, er hat Namenstag.

MANN: Er hat aber kein' Namenstag.

FRAU: Aber das irritiert ihn – also das ist nichts.

MANN: Das ist großartig, da schau her, jetzt wenn er kommt, stellt er sich daher, schaut in den Spiegel hinein und denkt sich, was ist denn das für ein Zettel? Dann sieht er ihn.

FRAU: Wir schauen freilich nein, weil wir wissen, daß da ein Zettel liegt – aber er hat ja keine Ahnung, jetzt wenn er nicht neinschaut?

MANN: Das ist Grundbedingung, daß er neinschaut.

FRAU: Wenn er aber net neischaut, dann hast den Zettel umsonst hing'stellt.

MANN: Jaso, halt, ich hab's – jetzt schreibst nochmal an Zettel: Wenn du heimkommst, schaue sofort in den Spiegel.

FRAU: Also: – Wenn du heimkommst, schaue sofort in den Spiegel h–inein, dann siegst du was – schreib ich. Sooo – jetzt ham ma uns so lang mit der Schreiberei aufg'halten – jetzt gehts auf 7 Uhr – is gut daß das Theater erst um 8 Uhr angeht.

113

MANN: Um ½ 8 Uhr gehts an.

FRAU: Ich mein, abspülen tu ich erst morgen früh, sonst wird's zu spät. *(Serviert ab.)*

MANN: *(sucht Kragenknöpferl)* Fanny, wo hast denn mei Kragenknöpferl?

FRAU: Jetzt geht wieder d'Suche nach dem Kragenknöpferl an, 100000 Kragenknöpferl hab ich dir schon heim –

MANN: Dös is zuviel – oans brauch ich blos.

FRAU: Ich möcht bloß wissen, wo du die Kragenknöpferl immer hinbringst, ich glaub, du frißt as direkt. *(Nimmt Knopfschachtel, beide rennen sich die Köpfe zusammen, er findet eins.)* Jetzt mach ich mich fertig – ah, in d'Küch muß ich nochmal. *(Ab.)*

MANN: *(ruft)* Wo is denn mein Kragen?

FRAU: Wo'stn gestern hing'legt hast.

MANN: *(kann den Kragen mit Knöpferl nicht einmachen)* Fanny, mach mir mein Kragen ein, bevor ich narrisch werd.

FRAU: *(kommt mit der Brennschere im Haar)* Du mußt mir schon mei Ruh lassen, sonst werd ich auch nicht fertig – was soll ich denn tun?

MANN: Mein Kragen sollst mir einmachen, sonst wirf ich ihn hinter.

FRAU: Da, heb amal d'Scher!

MANN: Au – dumme Gans, gibts mir die heiße Scher so in d'Hand.

FRAU: Ja, wie soll ich dir's denn sonst geben, ich kann dir's doch net so geben! *(Brennt sich auch.)* Auh!

MANN: *(wirft das Knöpferl hinter)* Jetzt hab ich mei Knöpferl hintergworfen. *(Er reißt ein paarmal die elektrische Lampe runter und stößt sich den Kopf an.)*

FRAU: Jetzt hat er wieder kein Knöpferl – also wenn'st so weiter machst, dann kommen wir zu spät, dös sag i dir glei. *(Sucht das Knöpferl.)* Vielleicht ist's unterm Diwan?

MANN: Der is ja hingemal'n, da unter dö Kommode is es hing'fall'n! *(Sie bückt sich suchend, er hebt die Kommode etwas auf, Geschirr fällt herunter. Frau schimpft.)*

MANN: *(lacht)* Da is ja 's Knöpferl! Wo is denn mei Kragen – – ?

FRAU: Jetzt hat er wieder koan Kragen – – – das is er ja!

MANN: Nein, an Kragen, ja, da is er.

FRAU: Ich zieh mich jetzt an, dann is wenigstens eins fertig; soll ich das schwarze Kleid anzieh'n?

MANN: Ja –

FRAU: Oder das braune?

MANN: Ja –

FRAU: Ich kann doch net zwei Kleider anziehn!

MANN: Dann frierts dich net.

FRAU: Wenn man nur dich um was fragt – jetzt ziag i amal 's braune an – dann sehn ma's schon, 's schwarze kann i dann immer noch anzieh'n. *(Ab.)*

(Mann hat den Kragen und die Krawatte an, sucht seine Schuhe und schaut dabei hinauf, findet sie, stellt sie auf den Tisch und zieht sie an, ärgert sich über die Schuhbänder.)

FRAU: *(kommt mit dem Kleid)* Geh, mach mir amal mei Kleid ein, das kann ich net allein.

MANN: Auweh – jetzt kommen wieder die 500 Hakerln alle.

FRAU: Nein, brauchst koa Angst ham, i hab ja an Reißverschluß hinmachen lassen.

(Mann macht Reißverschluß zu.)

FRAU: Dös war doch früher furchtbar; wenn man ein Hakerl zugemacht hat, dann is das andere wieder aufg'hupft und beim Ausziehen, wenn man eins aufgemacht hat, is dös ander wieder zug'hupft.

MANN: Jetzt red net lang, schau daß d' fertig wirst.

(Es reißt ihm das Schuhband ab, er schimpft.)

FRAU: Sei doch net so nervös! Ich weiß net, andere Leut gehn doch auch ins Theater.

MANN: Das sind auch keine Schuhbandl'n.

FRAU: Das nächstemal zieh ich dir a paar Drahtseil ein – aber die reißt du auch noch ab. *(Ab.)*

(Mann zieht Schuhe, Weste und Joppe an.)

FRAU: Ich weiß net, der Hut, find ich, paßt net recht zu dem braunen Kleid.

MANN: Setz an andern auf – schick dich! *(Er setzt Hut auf und ist fertig.)*

FRAU: Und der macht mich furchtbar frech –

MANN: Der hat mir noch nie g'fall'n.

FRAU: Ich setz das Theatertuch auf, das steht mir auch besser.

MANN: Das tust – aber geh – mach – wir kommen zu spät –. *(Wird nervös.)*

FRAU: *(sucht Tascherl und Fächer)* Jetzt muß ich noch a bisserl aufräumen.

MANN: *(schimpft)* Ja, d'Stieg'n tät ich noch putzen und d'Fenster putzen, langweiliges Frauenzimmer.

FRAU: *(schimpft auch)* Ja, sei nur net so grantig! Ich kann doch auch nichts dafür, daß i zwei Billetten gschenkt kriegt hab. –

MANN: Dös Mistviech soll 's nächstemal selber ins Theater gehn und andere Leut net damit belästigen. *(Streit.)*

FRAU: Ich darf mich nur amal auf was g'freun, bei uns is amal a so, zum Arbeiten bin i 's ganze Jahr guat g'nua, aber –

MANN: Und i zum Verdienen.

FRAU: Jetzt gehts scho wieder dahin, i kenn di schon, jetzt hörts wieder nimmer auf, jetzt wird an ganzen Weg g'stritten und im Theater drinn wird g'stritten und die halberte Nacht hernach wird aa noch g'stritten! Aber dös sag ich dir, auf a solches Vergnügen verzicht i von vorn herein. Da bleib i lieber daheim und du gehst allein ins Theater.

MANN: Wie kann ich denn mit zwei Billetten allein ins Theater gehn?

FRAU: *(weint und setzt sich)* Ich kann doch schließlich nichts dafür, wenn mir wer zwei Billetten schenkt.

MANN: Auf das hab ich g'wart, marsch! Vorwärts ins Theater –

FRAU: Ich hab mich so aufg'regt, du weißt, ich kann die Anschreierei nicht vertragen, ich will nicht mehr fortgeh'n und ich kann nicht mehr fortgeh'n; meinetwegen gehst ins Theater, mit wem du magst! Ich zieh mich jetzt aus und geh ins Bett, ich hab so viel Kopfweh kriegt, jetzt – – –

MANN: Dann nimmst a Kopfwehpulver! *(Gibt ihr's.)*

FRAU: Da brauch ich dich net dazu, geh hin, wos d' magst, i geh ins Bett! *(Schluckt die Pille, ab.)*

MANN: Halt, hast as schon runtergschluckt? Schlucks rauf!

FRAU: Hast mir was Falsches geb'n?

MANN: Weilst aber auch alles nunterfrißt!

FRAU: Red, was hast mir denn geb'n?

MANN: Da – Peters Laxierpillen –

FRAU: Da hast ja jetzt was saubers angstellt, dös sind ja Peters Laxierpillen! Da stehts: Prompte Wirkung binnen einer Stunde! Jetzt is ½ 8 Uhr, da sitz ma dann grad im Theater um ½ 9 Uhr und da gehts dann los.

MANN: Um ½ 8 Uhr gehts los.

FRAU: Ich mein ja bei mir; aber dann genga ma halt jetzt, vielleicht sind wir bis dahin wieder daheim. Ich möcht bloß wissen, ob's bei andere Leut auch so zugeht, wenns fort gehn, wie bei uns.

MANN: Genau so!

FRAU: So kanns ja gar nirgends zugehn!

MANN: Dö sag'ns bloß net. Also gehn ma.

FRAU: Und g'schlampert bist wieder anzog'n, dös kann ma dir nimmer abg'wöhna, ja, was hast denn du für a Hemd an?

MANN: A Herrnhemd.

FRAU: Mit dem Hemd wirst doch net ins Theater gehn woll'n, das ist ja dein ältestes, dös hast ja schon 14 Tag an.

MANN: Dös sieht ma doch net!

FRAU: Nein, mit dem Hemd geh ich nicht fort, keinen Schritt, wenn dich da wer sieht, dö Leut meinen ja, ich bin a Drecksau.

MANN: Dös macht ja nichts.

FRAU: Nein – du ziehst jetzt ein anderes Hemd an! *(Holt eins.)*

MANN: Aber den Tag werd ich mir merken; nie mehr, nie mehr ins Theater.

FRAU: Komm, ich helf dir! *(Er zieht sich aus bis aufs Hemd, im selben Moment kommt die Nachbarin herein mit einer Tasse.)*

(Nachbarin schreit, läßt die Tasse fallen.)

FRAU: Warum klopfen S' denn net an, und du stehst nackt da! – Geh ins Schlafzimmer! *(Er geht ab.)* Wir haben keine Zeit, wir gehen ins Theater.

NACHBARIN: Ah bittschön, a kleins bisserl a Salatöl wenn S' mir leihen könnten.

FRAU: Sie kommen aber immer im ungünstigsten Augenblick daher, allaweil brauchen Sie was anders. *(Holt die Flasche.)* Also wieviel woll'n S' denn?

NACHBARIN: A kleins Tröpferl bloß.

(Frau gibt ihr in die Tasse Öl, er stößt sie dabei.)

MANN: Wo hast denn mei Hemd?

FRAU: *(das Öl rinnt auf ihr Kleid)* Jessas, das auch noch, das schöne Kleid, gleich weinen könnt ich.

NACHBARIN: Das ist mir aber peinlich.

FRAU: Da hab ja i nichts davon – das Kleid is kaputt – is guat, daß bloß a Öl ist, dös gibt wenigstens keine Flecken. Langt Ihnen das? Da! *(Gibt ihr die Tasse.)*

NACHBARIN: Dank schön – viel Vergnügen. *(Ab.)*

MANN: Wo ist denn mein Hemd?

FRAU: Da liegts doch auf dem Stuhl.

MANN: *(sieht, daß es ein Kinderhemd ist)* Jessas, jessas.

FRAU: Das is ja an Buam sei Hemd, das ist das einzige, das in der Schublade war, du bist ein g'schlamperter Kerl, du weißt ganz genau, daß du bloß zwei Hemden hast – und dö reißt immer raus und sagst nichts davon, zieh halt a Brust an – da hast a frische Brust.

MANN: Die is ja zu lang.

FRAU: Dann reißt du sie ab! *(Tut es.)*

MANN: Schnell! ½ 8 Uhr ist es! *(Er zieht sich an. Die Hemdenbrust, Krawatte, Uhr fallen hinunter, er steckt die Uhr in die Hose, da fällt sie durch das Bein, sie gibt ihm Weste, Joppe, Hut, Schirm und dann Überzieher – er fährt ins Futter und dann mit dem Schirm in den Ärmel; großes Durcheinander.)*

FRAU: Jetzt kommen wir zu spät, jetzt müssen wir mit der Straßenbahn fahren, dann steig'n mir aber gleich in den vorderen Wagen ein, daß wir früher hinkommen. Halt, den Operngucker haben wir noch nicht, den trägst du.

MANN: *(läßt ihn fallen)* Der ist kaputt.

FRAU: Mir wärs schön g'nug. *(Macht das Etui auf.)* Ah gut, daß keiner drinn war, der wär hin gwesen. Also gehn ma jetzt – hast alles, die Schlüssel, die Geldbörse, a Taschentuch, dein Schnupftabak – hast im Schlafzimmer d'Fenster zugmacht, wenn ein Gewitter kommt? *(Schaut nach.)*

MANN: Komm, komm!

FRAU: Also mach's Licht aus und sperr zu!

MANN: *(im Finstern)* Billetten hast du?

FRAU: Nein, die hast du!

MANN: Nein du – wart, mach a Licht.

FRAU: Das waar ja jetzt die Höhe, wenn wir jetzt keine Billetten hätten. *(Schaut in ihre Tasche hinein.)* Ich hab doch mei Tascherl gar net aufg'macht. Da drüben bist g'sessen und da hab ich dir die Billetten in die Hand geben.

MANN: Vielleicht hast du's da rüber. *(Geht an die Kommode und legt seine Hand hin.)*

FRAU: Nein – ich weiß es ganz bestimmt. *(Haut die Schublade zu, sie zwickt ihm Finger ein.)*

MANN: Au – Au – *(Weint, lehnt sich an seine Frau.)*

FRAU: Ich kann dir nur sagen, daß mir vor dem Theatergehn schon bald graust! Wenn wir nur die Billetten hätten, denn ohne Billetten lassens uns ja nicht hinein.

MANN: Halt! *(Zieht sie aus der Hosentasche.)*

FRAU: Da sinds ja; jetzt tu ich's aber gleich in mei Tascherl nei, sonst verlierst sie noch einmal, da schau, da hätt ma gleich draufschaun können, da stehts ja, wanns angeht: Anfang 8 Uhr – wer hat jetzt wieder amal recht g'habt – ich – die Frau hat immer recht – da stehts schwarz auf weiß – Anfang 8 Uhr.

MANN: Ja stimmt, Anfang 8 Uhr. Freitag, den 17. Juli.

FRAU: Wieso Freitag? Heut ist ja erst Donnerstag!!!

(Beide schauen sich dumm an und der Vorhang fällt.)

Gratulationsbrief

[Um den 9. 2. 1941 an den Zeichner und Maler Eduard Thöny]

München Nummer 1941

Sehr geehrter, mein lieber Herr Tönis!

Auch ich hätte Ihnen gerne gratuliert, wenn ich sicher wüsste, dass die Sache mit Ihrem 75sten Geburtstag auf Wahrheit beruht. – – Im heurigen Kalender 1941 ist Ihr Name »Thönis« *nicht* zu finden, wie ich auch Ihr Alter (75 Jahre) im Telephonbuch vergebens gesucht habe. – – Es ist traurig von einem Mann wie Sie, der zu solchen falschen Geburtstagsankündigungen greifen muss, um Geschenke gratis zu erhaschen. – – Dass *ich* Ihnen keine Geschenke zu Ihrem werten (fingierten) Geburtstag schenke, beruht auf Gegenseitigkeit, denn Sie haben meiner damaligen Mutter, als *ich* geboren wurde auch nicht gratuliert, trotzdem dass wir uns zu jener Zeit persönlich noch nicht gekannt haben. – – –

Aber, wie dem es auch immerhin sei! – – – Mehr Kriege als drei, haben auch Sie nicht erlebt. Ohne auf Ihren angeblichen 75sten Geburtstag zurück zu kommen, muss ich zu meiner grössten Schande gestehen, dass Ihre Zeichnungen im Simplizissimuss von Minute zu Minute besser wurden, denn Sie haben, was Farbenmalerei betrifft den berühmten Caruso weit übertroffen.

Zum Schlusse wünsche ich Ihnen, ohne mich irgend einer Gratulationsmethode zu bedienen, in aller Ruhe ein weiters Wollwollen an den Tag zu legen; in der felsenfesten Begründung, Sie, der noch lange die Zuhörer der Zeitschrift Simplizissimuss in steter Erfreuung an der Ergötzung Ihrer nie versiegenden Kunst auch in vergangener Zukunft eine bleibende Erinnerung finden soll. Dasselbe Ihrer werten Frau Gemahlin, die ich extra zu grüssen mir erbitte.

Niederverachtungsleer
Hochachtungsvoll in Freundschaft
unser Karl Valentin

Anbei: *Kein* Geschenk.

Wollte Ihnen trotzdem einen kleinen Blumengruss senden, zu einer Mark – war nicht möglich, da Blumenladen wegen Einberufung geschlossen wurde.

Wortwitz-Couplets und Parodien

Rezept zum russischen Salat

Melodie: Jahrmarktsrummel von Paul Linke

I.

Drei Pfund Rindfleisch hackt man klein,
Tut das in ein' Hafen h'nein,
Etwas Pfeffer, etwas Salz,
Dazu einen Löffel Schmalz.
Drei Zitronen, ohne Kern' –
Den Geschmack, den hat man gern –
Kalte Soß vom Rehragout
Schüttet man dem Ganzen zu.
– Auch Leberkäs' und Honig,
Sardinen und Spinat,
Gefärbte Eierschalen
Mit Mandelschokolad'.
Auch Paprika und Erdbeer',
Zwei Liter Lebertran,
Drei Pfund gesott'ne Erbsen
Vermischt mit Marzipan.
– Schweizerpill'n und Sauerkraut,
Zungenwurst mitsamt der Haut,
Naphthalin und Wagenschmier',
Feingeschnitt'nes Glaspapier,
Ananas und Karfiol,
Bismarckhering und Odol,
Essiggurken, Fliegenleim,
Das kommt alles mit hinein.
Und dazu noch Blutorangen und Zibeb'n
Müssen obendrein noch das Aroma heb'n.
Makkaroni, g'schnitt'ne Nudeln, kalten Brat'n,
Lüneburger, Kokusnüss' und Schwartenmag'n.

II.

Ist nun alles das dabei,
Fehlt es noch an mancherlei.
Lorbeerblätter und Zwieback,
Die erhöhen den Geschmack;
Kletzenbrot und Glyzerin,
Zwetschgenmus und Terpentin,
Kandiszucker und Forell'n
Dürfen auch dabei nicht fehl'n.
– Auch Malzkaffee und Rollmops,
Zichorie und Zement'
A Messerspitz' voll Streusand,
Gewiß nicht schaden könnt'.
Bananen, Aprikosen
Nebst Himbeerlimonad',
Dazu 'nen kleinen Löffel
Voll Messerputzpomad.
– Schnupftabak und Stachelbeer'
Gelbe Rüben, Kirschlikör,
Eierkognak, Nelken, Zimt
Man auch zu der Sache nimmt.
Kaviar und Cervelat,
Birn- und Pflaumenmarmelad',
Noch dazu zwei Flaschen Sekt'
Das erfordert das Rezept.
Heu und Stroh, auch Hafnerlehm und Bügelkohl'n
Und ein Paar ganz fein geschnitt'ne Hausschuhsohl'n,
Harte Semmelbrocken, eingeweicht in Teer,
Das ist noch nicht alles, 's kommt schon noch viel mehr.

III.

Hetschebetsch und Parmesan,
Bauerng'selcht's und saurer Rahm,
G'sundheitskuchen, Petersiel,
'ner zerhackter Besenstiel,
Zwiebelzelt'ln, Kreosot,
Zigarrenstumpen und Kompott,

Ziegelsteine, pulv'risiert,
Werden mit hineingerührt;
Rebhühner und Fasanen,
Auch Fensterkitt und Gips,
Zwei ganze Faschingskrapfen,
Garniert mit Stiefelwichs,
Leoniwurst und Bleiweiß,
Parkettbod'nwachs und Reis
Ölfarb' und Anguilotti,
Zwei junge, weiße Mäus',
Sauerkraut und Sellerie,
Rettich und Fromage de Brie,
Knoblauch, Spargel und Stearin,
Weichselsaft und Zacherlin,
Kaisertinte, Schusterpapp,
Apfelmus und Salmiak,
Auch Briketts und Anthrazit,
Platzpatronen, Dynamit.
Ist dann alles drinn, was ich soeb'n diktiert,
Wird das Ganze mit dem Löffel umgerührt,
Glauben Sie sicher, es schmeckt wirklich delikat.
Sehn Sie, so entsteht der *russische Salat*.

Romanze in C-Moll

Es war ein Sonntag hell und klar,
Ein Sonntag, wirklich wunderbar,
Der Sonntag war so einzig schön,
Ich hab' nicht leicht an schöner'n g'sehn,
Er geht ei'm wirklich durch's Gemüt,
Wenn man an solchen Sonntag sieht.
Doch dauerte es gar nicht lang,
Weil bald der Abend kam heran,
Stockfinster wurd' es um mich her
Und ich sah keinen Sonntag mehr.

Ein Auto stand an einem Eck
Und fuhr von seinem Platz nicht weg;
Ich tat's betrachten hin und her
Und wie von Stein war der Chauffeur.
Es roch auch gar nicht nach Benzin,
Ich griff dann mit dem Finger hin,
Da wurd' mir erst die Sache klar,
Daß das nur hingemalen war.
Das Auto, das stand immer stad,
's war nur ein großes Wandplakat.

An der elektrischen Straßenbahn,
Da hängt oft hint' ein Wagen dran,
Der Wagen, der da hängt daran,
Anhängewagen heißt er dann.
Er hängt daran nur dann und wann
An der elektrischen Straßenbahn,
Doch hängt er einmal nicht daran,
Was auch sehr oft stattfinden kann,
Dann kann es doch nicht anders sein,
Dann fährt der vord're Wagen »allein«.

Trommel-Verse

Melodie: Jupeidi, jupeida.

I.

Sind s' net bös, sind s' net bös, jupeidi, jupeida
Jetzt kommt ganz was damischös, jupeidi, peida
O mein liebes Publikum,
Nehmen s' mir die G'schicht net krumm, jupeidi, jupeida etc.

2.

Paris ist eine schöne Stadt,
Woher sie ihren Namen hat:
Von einer alten Hose g'wiß,
Denn die hat hinten a paar Riß.

3.

Fliegen die Schwalben in der Höh',
Ja, dann ist das Wetter schö';
Fliegen sie jedoch parterr'
Dann ist meistens Sauwetter.

4.

Auf dem Tisch, da liegt ein Fisch,
Und der Fisch ist noch ganz frisch.
Läg' der Fisch schon lang am Tisch,
Wär' der Fisch auch nicht mehr frisch.

5.

Ich wohn' in einem Rückgebäud';
Die Wohnung macht mir keine Freud',
Denn will ich auf die Straße seh'n,
Muß ich durch's Vorderhaus durchgeh'n.

6.

Junge Katzerln, junge Katzerln
Haben noch ganz kleine Pratzerln;
Werd'n die jungen Katzerln Katzen,
Kriegen sie auch größere Pratzen.

7.

In einer Anlag' geht ein Mann,
Er schaut hinauf so hoch er kann.
Ich frug ihn drauf: »Wo seh'n sie hin?«
»Hinauf, weil ich Aufseher bin.«

8.

A Meister steht am Schwurg'richt drob'n,
Er soll sein G'sell'n erschossen hab'n.
Der Meister sagt ganz wutentbrannt:
»Er hat ja selbst an »Schuß«*verlangt.«

9.

Ein fünfundsiebzigjähriger Mann
Schafft einen Grammophon sich an.
Er kauft sich nur den Apparat,
Weil er die Platten**selber hat.

10.

A Herr, der kommt zum Doktor g'rennt,
Er klagt, daß's ihm im Mag'n so brennt.
Der Doktor sagt: »Mein lieber Herr,
Da holen s' am besten d'Feuerwehr.«

11.

Neulich schau i' in Spiegel nei',
Is G'sicht verkehrt, wie kann das sei';
Daweil, wer hätt' sich denn das denkt,
Da war der Spiegel verkehrt aufg'hängt.

12.

Kürzlich ging der Sturm recht arg,
Ich wollte geh'n zum Herzogpark;
Doch bei diesem Sturmgebraus
Kam ich nach Neuhausen 'naus.

Die Zwischenmelodie kann auch mit großer Trommel begleitet werden.

---

  * Vorschuß
** Glatze

Die vier Jahreszeiten

Blödsinniger Gesang

Wie herrlich ist's doch im Frühling,
Im Frühling, da ist mir so wohl.
O! wäre es immer nur Frühling,
Im Frühling, da fühl' ich mich wohl.
Der Frühling, der hat so was Eig'nes,
Der Frühling besitzet die Kraft.
O! bliebe es immer nur Frühling,
Der Frühling gibt Mut uns und Kraft.

Wie herrlich ist's doch im Sommer,
Im Sommer, da ist mir so wohl.
O! wär es doch immer nur Sommer,
Im Sommer, da fühl' ich mich wohl.
Der Sommer, der hat so was Eig'nes,
Der Sommer besitzet die Kraft.
O! bliebe es immer nur Sommer,
Der Sommer gibt Mut uns und Kraft.

Wie herrlich ist's doch im Herbst,
Im Herbst, da ist mir so wohl.
O! bliebe es immer nur Herbst.
Im Herbst, da fühl' ich mich wohl.
Der Herbst, der hat so was Eig'nes,
Der Herbst besitzet die Kraft.
O! bliebe es immer nur Herbst,
Der Herbst gibt Mut uns und Kraft.

Wie herrlich ist's doch im Winter,
Im Winter, da ist mir so wohl.
O! bliebe es immer nur Winter,
Im Winter, da fühl' ich mich wohl.
Der Winter, der hat so was Eig'nes.
Der Winter besitzet die Kraft.

O! bliebe es immer nur Winter,
Der Winter gibt Mut uns und Kraft.

*(Der Vortragende ist als Überbrettlsänger gekleidet und gibt
zum Schluß seines Auftretens noch dieses Lied als da capo
zum besten. Das Lied muß recht gezogen werden und durch
die Langweiligkeit wirken; während der zweiten Strophe beginnt sich schon der Vorhang ganz langsam zu schließen. Die
letzte Strophe singt der Sänger hinter dem Vorhang.)*

Der Maskenball der Tiere
Parodie auf »Vogelhochzeit«

Die Tiere auf der Erde all',
die hielten einen Maskenball.
Vide rallala, vide rallala,
Vide rallalalala.

Die Ameise, die Ameise,
die tanzte nur die Franceise.
Vide rallala, vide rallala,
Vide rallalalala.

Die Fliege, die Fliege,
Saß draußen auf der Stiege.

Nach jeder Strophe ist das »Vide rallala« zu singen.

Der Feuersalamander
Rutscht 'runter am Stieg'ng'lander.

Der Schellfisch und das Känguruh,
die spiel'n mitsammen »Blinde Kuh«.

Da plötzlich wird's ganz still im Saal,
sie saßen jetzt beim Mittagmahl.

Der Rabe, der Rabe,
Fraß d' Supp'n mit der Gabe.

Die Giraffe, die Giraffe,
die fraß a Schokoladewaffe.

Das Eidachsel, das Eidachsel,
das fraß a abbräunt's Schweinshaxel.

Die Schlange, die Schlange,
aß eine Blutorange.

Die Schnepfe, die Schnepfe,
die hat die größte Hepfe.

Das Lama, das Lama,
das fraß zum Schluß all's z'samma.

Der Maskenball ist nun zu End',
Drum bitte, klatschen S' in die Händ'.

Parodie auf Still ruht der See
Text von Karl Valentin

Ein Maler malt ein Seegemälde,
Da rutscht er mit dem Malstock aus,
Er stieß ein Loch ins Seegemälde,
Da floß auf einmal Wasser 'raus,
So lief der See dann wieder aus.

Die Frauen tragen auch Manschetten,
Gerade so als wie ein Mann,
Wenn man die Sach' genauer nehme,
So hätt' die Frau »Frauschetten« an,
Denn eine Frau ist doch kein Mann.

Schwarz ist die Nacht, schwarz ist das Zentrum,
Im Reichstag drinnen in Berlin,
Dann wollt' ich noch was schwärz'res seh'n
Und fuhr dann nach dem Schwarzwald hin,
Doch welche Täuschung, der war – grün.

Ein jeder Mann trägt eine Hose,
Ob er ein Jude oder Christ,
Drum muß ich jedem Manne sagen,
Daß er ein »Hosenträger« is,
Behaupten kann ich's nicht gewiß.

An einem Haus, da hing ein Kasten,
Ich glaubt', es sei ein Automat,
Ich zog den Griff heraus, welch Schrecken,
Da kam die Feuerwehr, o fad
Und ich, ich wollt' doch Schokolad'.

Das Kanapee, das steht im Zimmer,
Es sitzt darauf ein kleines Kind;
Das Kind, das spielte mit dem Kissen,
Wie harmlos ich die Sache find',
Denn »küssen« ist doch keine Sünd'.

Wenn sich ein Herr ein Zimmer mietet,
Ist es ein Zimmerherr sodann,
Doch wenn ein Mann ein Zimmer mietet,
So ist das dann ein »Zimmermann«;
Das geht doch Ihnen gar nichts an!

Ich hab' zu Hause ein Aquarium,
Da ist natürlich Wasser drinn',
Denn wenn darin kein Wasser wäre,
Da würden ja die Fischlein hin,
Da hülf' auch keine Medizin.

Wenn man die Tür' aufmacht, dann zieht es,
Das ist doch schon a alte G'schicht,
Doch wenn man sie dann wieder zumacht,
Das ist doch klar, dann zieht es nicht,
Denn Morgenstund' hat Gold im Mund'.

Die Medizin gehört dem Kranken,
Auch Obst ist für den Magen g'sund,
Jedoch das beste geg'n 'nen Einbruch,
Das ist ein recht wachsamer Hund;
Nach Tegernsee sind 14 Stund'.

Chinesisches Couplet

*Dieses Couplet wurde mit großem Erfolg gesungen von der
bekannten Humoristin Lisl Karlstadt*

*Vortragender erscheint als Chinese verkleidet, gelb ge-
schminkt mit Zopf-Perücke und chinesischem Schirm.*

I.

Mantsche Mantsche Pantsche Hon kon Tsching
                                    Tschang
Kaifu schin sie Peking gigi wai hai wai
Tschitschi tatschi makka zippi zippi zappi
Guggi dutti suppi Mongolai.
Tingeles Tangeles Hundi Hundi guschdi
Tschinschinati wuschi wuschi tam tam tam
Wann i ko na kimm i, kumm i aber nimmi,
Kimm i, kumm i, aber i kimm kam.

Wo wie we wie bobi hopsi tsching tschang
Asi Stasi Wasi Wisi Tschin Tschin Tschin
Taubi Taubi Piepi Piepi sei si indi ändi
Wase bobi widdi midi Lanolin.
China drinna kenna Kinda mi alsamm
Tam – Tam – Tam.
REFRAIN. Ziggi zam ziggi zam tschin tschin wuggi gu
Wassi wassi tscheng patschi zsching wuh-hu wu.

II.

Ni widi tschen mali gan demi detti
La bade schon wette wett wum wum
Goll wudi bum bim wuschi wuschi sitz wetz
Sußi sußi sußi witschi schrumm
So von om runte, giglgiglgoggi
Da legst di nieder plim plam plum
Tutti tutti großi, heiße Suppi blosi
Rahm o schlecken un on inten rum
Anni wiedi well well tam di diti tam tam
Schlucki schlucki wust wust gudi gudi gut
Bier ham mi nimi, sauf ma halt a Wassi
Magi der is lari nachher wirst kaput
Niki nischi waschi schliffi schnack
Wauh, Wauh, Wauh.
REFRAIN. Ziggi zam ziggi zam tschin tschin wuggi gu
Wassi Wassi tscheng patschi zsching wuh-hu wu.

III.

Snekrededeng widi putzpomade Sachti
Boane wecke, tutti frutti wasch, wasch, wasch
Poppi nanni quaste Millen dunsen
Haferl goggen, Schmecki betzi G'wasch
Ka ko ki ka Kika keki Wanzi
Magi, Magi, Magi, Magi, Magi Magi a
Humi wepsi bieni, um halb elfi gimmi
Heidi bobi tschingreding ins pet
Tsching Tschang Tsching Tschang gibidane buse

Meini lippi Xaxixaxixaxixaxixax
Tsching Tschang Tsching Tschang gisidanan fussi
Andigiggiollipappi haxi haxi hax
Glaub mich lachen's aus, weil bin Chinese
Was ist dös?

REFRAIN. Ziggi zam ziggi zam tschin tschin wuggi gu
Wassi Wassi tscheng patschi zsching wuh-hu wu.

Das futuristische Couplet
Ein Gegenstück zu der modernen Malerei

In Nürnberg kam das Ganze,
Es sind ja mal er recht,
Doch als es mir ganz falsch war,
Ist es ohnedies zu schlecht.
Mit wessen ich grad dachte,
Von ohne sie berührt,
So sind sie denn von vorne rein
Ganz ohne diszipliert.

Wer allzulange sind ist,
Ob arm, geht sich bei dem,
Das einmal es oft lieber sein,
Drum wird ja ohnedem,
Mitsammen, ja denn so kann,
Bei Deinen nicht schon sein,
Sobald man kann es bleiben soll,
Zusammen fein zu sein.

Wenn einmal in der Nase,
Hast manchmal Du in Ruh,
Die Plattform in der Tasche hast,
Und treibst in allem zu,
So wittert aus den Mitteln,

In Spanien aus und ab,
Der Blumen Augenbrauen senkt,
Mit Asien und in Trapp.

Expressionistischer Gesang
Ueberliterarischer Gesang

Wie die Maler heute malen
Wie der Dichter heute dicht'
So will ich jetzt humoristeln
Ob es gut ist, oder nicht.

Kanapee glüht Meeresfreiheit
Lippen blau aus Abendrot
Stille Nacht in Marmelade
Edle Kunst, behüt' dich Gott.

A – b – c – d – e – f – g – h
I - k – l – m – n – o – p
Qu – r – s – t – u – v – w – x
Ypsilon – z - f - f - f (*drei Pfiffe*)

La la la la la la la la
La la la la la la li
Li li li li li li li li
Li li li li li li la.

In der Nacht die Sterne funkeln
Und der Rundfunk funkelt auch
Funkeln tun auch die Karfunkeln
Und ein funkelnagelneuer Anzug auch.

Wer will unter die Soldaten
Der muss haben ein Gewehr
Das muss er mit Pulver laden
Und so weiter und so wei – ter.

Ein Gewitter ist im Anzug
Dieses leuchtet mir nicht ein
Ein Gewitter in der Hose
Das könnt' leichter möglich sein.

Leiser Sturmwind heult in Strömen
Wenn die Katze Kikerikiet
Und der Vater melkt die Enten
Wenn der limburger blüht.

Wenn die Blätter leise klappern
Und das Bächlein fliesst bergauf
Saust das Dampfschiff durch die Wälder
D' Gmütlichkeit hört sich dann auf.

Wenn die Ringelnatter ringelt
Und die Fischlein geh'n zu Fuss
Hört! Die Osterglocken pfeifen
Was sein muss, das muss sein muss.

Hundekuchen frisst die Katze
Und ein Kompass singt Tenor
Und es sinkt der Barometer
Das kommt jedem spanisch vor.

Wenn die Reblaus rebiglauselt
Und das Dünnbier ist zu dünn
Billige Heimat sei gegrüsset
Mei' Vaterl war a Weanerin.

Suerkraut ist kein Getränke
Denunzieren tut ein Schuft

S' beste Flugzeug wär' ein Unsinn
Gäb's im Freien keine Luft.

Ob es heiss ist oder kälter
Ob es warm ist oder weit
Ob es kühl ist oder lustig
Ja, so ändert sich die Zeit.

In Berlin, in Prag und Hamburg
Auch in Bremen und Bayreuth
Auch in Salzburg und am Chiemsee
Und auch in Holzapfelskräut.

Und zum Schlusse muss ich schlusseln
Nehmet eure Händ' in d' Hand
Schlagt dieselben oft zusammen
Das wird dann Applaus genannt.

Komische Berufe

Seidenraupendompteur
Wasserstoffzuschneider
Gewerbescheinheiliger
Nabelbruch-Kontrolleur
Erdbebensammler
Schlafpulverkanonier
Sauerkrautbetrachter
Himbeerinspektor
Schmetterlingfischer
Vitaminsortierer
Birnbaum-Gymnastiker
Regentropfenzähler
Lampenschirmbeobachter
dreifach.doppel tiefschwarz.

Plattfuss-Statist
Keuchhustenbezähmer
Kirchturmverleiher
Leistenbruchnäherin
Zeitfunkversäumer
Heiterkeitsapostel
Humorservierer
Witzentgegenschleuderer
Unterhaltungsadministrant
Fröhlichkeitsinhaber
Lustbesitzer
Andreas Papp, pensionierter Barfussgänger
Benedikt Whagh, Hundesteuerberater
Josef Nelke, Zuschauer
Korbinian Holzapfel, Passant
Sepp Schwarz, Fussgänger
Karl Mann, Mann ohne Bedeutung
Frau Josefine Gwand, geborene Anzug

Nonsens-Artikel

Karl Valentin,
als »Ritter der Damische«

»Damischer Ritter« – Diese Titulatur geht zurück bis ins Ende des 18 ten Jahrhunderts. – Wenn irgend jemand saudumm dahergeredet hat, dem hat man dann gesagt, »Du bist a damischer Ritter«. Das Wort damisch hat aber mit Damen gar nichts zu tun. Wenn in Norddeutschland jemand saudumm daherreden würde, (was allerdings noch nicht vorgekommen ist), so würde man sagen: »Du dämlicher, oder du dussliger Ritter«. Woher das Wort damisch eigentlich stammt, ist nicht zu erforschen. Damisch heisst soviel wie blöd. Ich bin z. B. in meinem Privatleben nicht blöd, nur im Beruf. Mit der Blödheit habe ich mir schon viel Geld verdient und erspart und durch den Staat 1922 habe ich das Geld auf blöde Weise wieder verloren. (siehe Inflationszeit). Weil wir soeben von Blödsinn sprechen, eine kleine Episode!

Fräulein Liesl Karlstadt und ich gastierten in einem Münchner Variete. Ein Orchester Musiker – ein Posaunist – sagte zu mir in spitziger Weise: »Sie haben es gut, Sie bekommen für ihren Blödsinn, den Sie dem Publikum eine halbe Stunde lang vormachen, soviel Geld, als ich den ganzen Monat. [«] Ich sagte zu ihm: »Bis heute existiert noch kein Gesetz, dass ein Musiker keinen Komiker machen darf.« – – Ich habe diesen Musiker nach einigen Jahren wieder gesehen, er bläst noch immer seine Posaune. Ja, ja, mit Blödsinn Geld verdienen ist nicht leicht. Wie das Bild zeigt, hat man mich als Ritter in Eisenblech gezeichnet, das wäre gar nicht nötig gewesen, denn ein Damischer Ritter (als ich) kann auch beruflich ohne Zivilkleidung einen Blödsinn zusammen reden und ich ersuche nun diejenigen Leser, die Freude am Blödsinn haben, weiter zu lesen und die andern, sollen hier zu lesen aufhören.

Als im Jahre Karl der grosse noch ziemlich klein war, gründete am Gründonnerstag ein emaliger Junikäferldompteur eine Sternschnuppenzählerei mit bahafter Schränkung. Seine Frau ihr Mann gelernter Silberbechervergolder, erfand am andern Tag die Erfindung zur Auffindung von Findelkindern. Aber es kam anders' – Friedlich sassen ein hunriger Königstiger und eine Schildkröte nebeneinander.

Keines von den beiden hatte Mumm, sich gegenseitig zu zerfleischen. – Aber so ist das Leben, der Löwe lebt im Urwald und der Elefant im Freien und dann begann der Wirrwarr. Konrad stiess seiner lieben Mutter ein Glas Wasser in die Brust, heulend lief der Sturm davon. Ein Schrei des Entsetzens blieb an einem Gartenzaun hängen, die Turmuhr zeigte 15 Grad Kälte. Eine bejahrte Mutter zerbiss ihr frisches Kind aus Übermut und die Lerche, hoch in den Lüften sang das schöne Lied: Im tiefen Keller sitz ich hier.

Ich mische mich in die Nichteinmischung mitten hinein!

Unausgesetzt treibt der am Horizont des Weltalls sich zeigende Gedanke der ganzen Menschheit, daß sich ein Problem, welches dazu geeignet ist, Formen anzunehmen, die einen Konflikt, sei es über die Kolonialfrage oder der Wille, der sich seinen kommenden Geschlechtern des Fernen Ostens nähert. Immer und immer wieder haben wir die gleichen Erscheinungen: Was vor Tausenden von Jahren, sei es nun die Zeit einer Emanzipation der alten Griechen oder ergründen wir die Vorzeit amerikanischen Strebens, so spricht die Zeit ein deutliches Wort, ohne daß das Merkwürdigste im Zeitraum der Phantasie den geringsten Zweifel aufkommen läßt. Ob ein Zustandekommen oben erwähnter Weltanschauungen von so schwerwiegender Bedeutung ist, um Vorteile, wie sie die Inder damals gezeigt haben, in die Praxis umzusetzen, muß bezweifelt werden. – So tragen wir es geduldig; und solange ein Volk aus Ost oder West, Süd oder Nord Repontionen erhält, spielt der Urwald dabei keine nennenswerte Rolle, denn nur der allgemeine Wille kann nach Lage der Vernunft ersetzt werden, und so wird sich die Meinung der ganzen Welt zerschlagen, wenn die Einigkeit Spuren hinterläßt, die nur dazu die Nerven des Volkes beunruhigen. Wenn Lumiotto, der einzige Mann, der schon vor Beginn seine Worte zusammenfaßte und sich in Äußerungen verstieg, einen Regierungsabschnitt verhüllt, dann treten wir der Sache näher, aber wir werden niemals daran zweifeln, daß demgegenüber keine Absicht bestanden hat, neutral zu bleiben. Schauen wir zurück: die Vergangenheit ist unser wahrhaftigster Zeuge; wenn die Zügel der Vernunft sich lockern, wenn der Sinn für alles verlorengeht, so sollen sich diejenigen, die schuldbeladen, selbst prüfen, denn ein einiges Volk, denken Sie dabei an das Land der Versionen, an das Land des Kulturismuses. Ja, leere Redensarten, Phrasen usw. damit, womit sich viele ereifern könnten, in Verbindung mit den einfachsten Mitteln Wege zu bilden, die solche Banalitäten ein für allemal aus der Welt schaffen, Nichteinmischung zu dumidizieren.

Die Brennessel

Wenn man dieses Wort liest, denkt man sofort an eine Brennnessel. Die Brennessel gehört nicht zu den Säugetieren, sondern zu den Pflanzen. Ein uralter Brauch ist, aus Brennesseln Tee zu bereiten, den sogenannten Brennesseltee, welcher auch zum Trinken verwendet wird. Heute verwendet man die Brennessel zum Lesen. Früher wuchs die Brennessel, heute erscheint sie (im Verlag Eher, München – Berlin). Die Heilwirkung des Brennesseltees ist natürlich nur vom Kochen der Pflanze Brennessel zu erwarten, nicht von der Zeitung Brennnessel. Nicht die Damen, sondern richtige Gänse essen die Brennessel sehr gern und erblicken in dieser einen Leckerbissen. Ob sich die Gänse beim Fressen von Brennesseln Zunge, Schlund, Magen, Gedärme und Gansloch verbrennen, ist noch nicht erwiesen. Die Rose hat Dornen und sticht, die Brennessel dagegen brennt auch trotzdem: Hätte die Rose keine Dornen, könnte sie nicht stechen; was sind das für botanische Widersprüche! Aus Brennesselfasern hat man schon Stoffe erzeugt und Damenreizwäsche für die Damenwelt fabriziert. Symbolisch wirkt die Brennessel – wenn man schon einen Künstler mit Lorbeerkränzen ehrt, müßte man eigentlich einen Feuerwehrmann bei seinem Feuerwehrjubiläum mit einem Kranz aus Brennesseln ehren. Ich selbst habe die Brennessel als Mittel gegen Diebstahl angewendet. Folgendes gebe ich kund: Ich habe in der Nähe der Stadt ein kleines Landhaus, drumrum einen großen Riesenblumengarten mit allen erdenklichen, wunderbaren Blumen, welche nicht künstlich, sondern wirklich sind. Mein Garten steht in farbiger Pracht. Aber weil die Blumen so schön waren, haben mir die Menschen immer wieder Blumen abgerissen. Nun kam mir die glückliche Idee: ich pflanzte keine Blumen mehr, sondern nur mehr Brennesseln. Die Pracht ist zwar verschwunden, aber die Stehlerei hat ein Ende genommen. Daß ich mir durch diese Erwägung die Mißgunst sämtlicher Blumengärtner zugezogen habe, weiß ich; aber ich habe die Polizei (Abteilung Blumendiebstähle) entlastet. Und das ist eine gute Tat. Sollte ich des Anblicks der Brennesseln überdrüssig werden, pflanze ich Disteln, und an Stelle meiner wachsamen Hunde kommen Igel in meinen Garten, dazu noch Stachelbeersträucher, und statt der Legbüchsen lasse ich ständig die Dunggrube von meinem Anwesen offen. Was sollte dann noch in meinem Garten gestohlen werden können? Mir können alle Diebe gestohlen werden. Im übrigen will ich meine Ruhe und meine Brennessel haben; denn wie sagt der Dichter?: »Kein Schnee und kein Eisen kann brennen so heiß, wie brennende Nessel und indischer Reis.« Hiermit wäre alles Notwendige gesagt.

Warum sind Optimisten
die klügsten Leute

Wenn zur wissenschaftlichen Abhandlung von Opti- und Pessimismus ein nur geringer Abstand in ein, oder besser gesagt, vergleichswidrigen Weise einschneidende Bedingungen gezogen werden sollen, so könnte man in Verlegenheiten absoluter Eindeutigkeitsformen einen Vergleich von eminenten Störungen charakteristischer Persönlichkeiten geben, wie dieselben schon in Urformen geistiger Kapazitätskuriositäten mehr oder weniger Bedeutung zum Ausdruck gebracht haben, ohne eine Weltumsichtigkeitsparallele in vollem Einklang von Individualitätszirkulationen der Zentralstätte der menschlichen Gesinnungsprinzipien den Einschlag in höhere Dimensionen seitens der Struktur männlicher und weiblicher Wesen zu demitieren. Spinozza und Nietzsche waren schon der konträren Meinung, daß Strahlen der ausgedehnten Zellenstaathormone keinerlei Anhalt geben, die Gehirn- und Seelengleichheiten gleichgeschalteter Pygmäen von Spannungszentralen einer Wechselwirkung unterliegt, die bei Pessimisten und Optimisten zu Tage treten und eine Klugheit bei den einen wie bei den anderen Charakterindividuen in Erscheinung treten lassen, die die Wissenschaft von heute immer vor ein unlösliches Problem stellen. Und so kann man nun ruhig annehmen, daß das Problem zur Erforschung, ob Optimismus die Schlußforderung zur Klugheit bindet, als gelöst und zwar als ungelöst erscheint.

Die Friedenspfeife

Lange vor dem Umschein einer verkrümten Nacht, sassen sie zusammen. Wolkenlos ballten sich weisse Nebelschwaden zuhauf. Es kargte an diesem und jenem – So aber ist es. – Wenn der Mensch sich selbst abgibt, dann wird sein Sein betrübt durch seine gewollte Selbstbejahung. – Aber lasst sie alle elendidieren und lasst diese kopflosen alle wieder behaupten. Eines Nachts werden die Hexen nicht zum Ziele kommen, sondern das Ziel kommt zu ihnen.

Und wenn Aafa und Ufa sich zürnend und tobend in die Augenmuscheln schreien, liegt Afuu auf dem satten Rasen und raucht die Friedenspfeife.

Karl Valentin beschreibt den Frühling

»Tut mir leid«, sagte darauf Karl Valentin, »aber ausgerechnet über den Frühling weiß ich fast gar nichts. Denn, daß es im Frühling wieder wärmer wird, als es im Winter war, weiß heute jeder gebildete Mensch. Vom Herbst z. B. wüßte ich bedeutend mehr, da gab es auf dem Oktoberfest ein prima Märzenbier, Brathendeln am Spieß, aber das war ja alles im Herbst, während mein Artikel ja nur über den Frühling gehen darf.«

Also der Frühling ist die Jahreszeit der Liebe. Ich hab' zum Beispiel im Frühling meine Frau kennengelernt, aber wenn ich mei Frau im Herbst kennengelernt hätte, wär's noch früh genug gewesen.

Im Frühling 1892 hat der Hausmeister Joseph Huber, Zeppelinstr. 63, seine Stelle als Hausmeister gekündigt – aber was hat denn das mit dem Frühling zu tun? wird der Leser dieses Artikels fragen; ich kann es auch niemand verdenken, aber der Herr Schriftleiter will absolut den Frühling beschrieben haben – na also:

Das Nächstliegende über den Frühling sind natürlich die Frühlingslieder – eines der schönsten heißt:

Frühling ist's, die Blumen blühen wieder – das ist aber nicht wahr, im Botanischen Garten, in den Gewächshäusern, blühen die Blumen das ganze Jahr – aber wenn man das Lied umändern würde und würde statt Frühling singen: »Gewächshaus ist's: die Blumen blühen immer« – so klingt das nicht so sonnig und dann abgesehen davon, wann die Blumen blühen, ist doch nicht wichtig, die Hauptsache ist, daß sie blühen. Irgend etwas müssen doch die Blumen auch tun, denn dafür sind sie Blumen, sonst wären sie ja nicht wert, daß sie die Sonne bescheint. Und gerade die Sonne ist wieder das Wichtigste am Wachstum, wichtiger noch als der Blumentopf. Denn ohne Blumentopf kann eine Pflanze gedeihen und wachsen aber ohne Sonne nicht – das sehen wir an den Blumen, die im Freien wachsen. – Stellen Sie sich das vor, wenn jede Blume, die im Freien wächst, einen Topf haben müßte, das ginge in die Billionen Töpfe.

Um beim Frühling zu bleiben. Es gibt auch Blumen, welche im Herbst blühen. Die sogenannte Herbstzeitlose enthält Gift, das sogenannte Kolchizin – Zigaretten enthalten auch Gift, das Nikotin, welches in großen Mengen geraucht, schädlich auf den Organismus einwirkt. Den Rauchern, die täglich 50 Zigaretten rauchen, möge das zur Warnung dienen. Es wäre vorteilhaft, wenn sich jeder Raucher das Rauchen langsam abgewöhnen würde, vielleicht jedes Jahr eine Zigarette weniger rauchen, denn es kann vielleicht einmal eine Zeit kommen, in der er pro Tag nur 3 Zigaretten zu kaufen bekommt.

Schon wieder bin ich vom Frühling abgekommen. Wir Münchener haben sogar eine Frühlingstraße. Es kann jedermann den Versuch machen, durch die vier Jahreszeiten zu schreiten. Er geht von der Frühlingstraße hinaus zur Herbststraße – von da aus in die Sonnenstraße und von hier aus durch die Vorstadt Au nach Giesing in die Winterstraße, von da aus kann er dann noch in die Senefelderstraße gehen, aber nur, wenn er will (des Menschen Wille ist sein Himmelreich),

Eintritt 5 Mark. Ich möchte Ihnen noch eine ganz schlüpfrige Sache schildern, was ich mit vier Mädchen im Undosabad erlebte, aber es hat ja keinen Sinn, weil sich das im Sommer ereignet hat, und mein Artikel soll nur vom Frühling handeln – also wieder zum Frühling, der Frühling wächst mir schon bald zum Hals heraus. –

Den Jüngling vergleicht man mit dem Frühling – warum? Der Frühling ist die treibende Kraft der Natur, der Schöpfung – alles sprießt empor, auch beim Jüngling, äußert sich – wenn – also –. Es gibt ein Theaterstück, in welchem bei einem Jüngling – das Stück heißt – »Frühlingserwachen«.

Aus was besteht denn eigentlich der Frühling? Nach wissenschaftlichen Forschungen aus acht Buchstaben: F – r – ü – h – l – i – n – g –

Der Frühling hat die Eigenschaft, daß er auch wandert, – er soll auch schon öfters in Wien gewesen sein, was ein altes Wiener Lied durch den Refrain bekundet: »Der Frühling ist wieder in Wien.« – Daß der Frühling einen Vornamen hat, ist auch nicht allbekannt, er heißt nämlich Lorenz – abgekürzt »Lenz« –; es ist erhebend, wenn Hildach in seinem Gesang jubiliert:

> Laßt klingen die Glocken, fern und nah,
> sie so-o-llen frohlocken,
> der L-e-e-e-enz ist da!

Soviel über den Lorenz Frühling – was werde ich in der nächsten Nummer schreiben müssen? Ich hätte ein Thema, Herr Schriftleiter:

> »Friede auf Erden«
> oder ist das noch zu früh?

Manches neu...

»Alles neu macht der Mai!« – So heißt ein altes Lied – aber stimmen tut das nicht. – anstatt alles neu macht der Mai, müßte man eigentlich sagen »Manches neu macht der Mai«, z. B. das dürre Gras vom vergangenen Herbst macht der Mai wieder neu. – Die verdorrten Bäume und Sträucher macht er auch wieder neu; aber ein altes Hausdach, wo es im Herbst im vergangenen Jahr 'neigeregnet hat, das macht der Mai nicht neu; – das muß schon der Dachdecker neu machen oder reparieren. –

Mei Alte daheim (also meine Frau) macht der Mai auch nicht neu, im Gegenteil – jedes Jahr im Mai wird's noch älter.

Alles neu macht der Mai – oder bringt der Mai; hoffentlich bringt er uns nicht wieder neue Steuern! Die alten genügen uns vollkommen.

Wenn man schon vom Mai spricht, darf man auch das alte Sprichwort nicht außer Acht lassen: »Mairegen macht, daß man größer wird!« – Manche haben dieses Sprichwort beherzigt. Besonders kleine Leute; Liliputaner haben sich vom Mairegen stundenlang anregnen lassen – – größer sind's nicht word'n – – aber naß.

Dann gibt es auch im Mai (in Friedenszeiten!) einen sogenannten »Maiwein« – der schmeckt sehr gut. Ein Gast frug einmal in einer Weinkneipe den Wirt, warum der Maiwein eigentlich »Mai«wein heißt. Der Wirt erklärte dem Gast: »Sehr einfach, weil der Maiwein mit dem Mai getrunken wird.[«] (Auf münchnerisch sagt man statt Mund, »Mai«.)

In Kalau sagte einmal einer zum anderen: »Kannst Du mir ein Lied nennen, in dem das Wort Mai vorkommt?« Da sagte der andere: »Mai Mutterl war a Weanerin!«

Wenn man schon, wie ich, vom Schriftleiter der »Münchener Feldpost« gezwungen wird, nur über den Mai zu schreiben, so muß man eben alles hersuchen, was mit dem »Mai« zusammenhängt. Und so komme ich nun auch auf den »Maibaum« zu sprechen. Das Symbol vom Mai ist der sogenannte

»Maibaum«. – Ein alter Volksbrauch, der auf dem Lande heute noch besteht. Eine längliche Stange, entweder bedeutend höher oder kürzer als genau zwanzig Meter, wird in den heimatlichen Boden eingegraben. Das dicke Ende kommt nach unten, das dünne nach oben. Dann muß ein schwindelfreier Malergehilfe mit sogenannten Kletter- oder Steigeisen hinaufsteigen und diesen hohen Maibaum mit Ölfarbe in den jeweiligen Landesfarben bemalen. – Der Maler muß aber oben am Gipfel mit der Malerei beginnen und herunterzumalen, weil, wenn er unten zu malen anfängt und malt hinauf, so kann er, wenn er am Gipfel oben angelangt ist, nicht mehr herunter, da er ja sonst die ganze Malerei wieder verwischen würde. – Oder der Maler müßte eben solange auf dem Gipfel bleiben (mehrere Tage), bis die Farbe trocken ist. Im Mai wäre das ja eventl. möglich – aber im Januar – unmöglich.

Der eintausendneunhundertzweiundvierzigste Juni

– Januar – Februar – März – April – Mai – so hießen die Monate, die in diesem Jahre schon an uns vorübergeflossen sind. Statt diesen fünf Stück Monaten ist nun der Frühling eingetreten. Daß er kommt, war sicher; nur wie er kommt, weiß immer niemand. Die amtliche Wetterwarte weiß es schon, nur der halbamtliche Wetterbericht stimmt nicht immer ganz genau; er stimmt schon auch fast genau, aber so genau wie der amtliche kann er ja nicht stimmen, denn wenn er so stimmen würde wie der amtliche Bericht, dann bräuchte man ja keinen amtlichen, sondern nur einen halbamtlichen. – Private Wetterprophezeiungen gibt es ja auch – in Fülle und Hülle. Vieles weiß man ja selbst. Von dem vergangenen Monat Mai wußte z. B. jeder, so wie ich auch, daß der Monat

Mai »Wonnemonat« heißt. Der Mai brachte uns also viel Wonne, und eine richtige Wonne ist auch nicht zu verachten. Mir persönlich wären ja Zigaretten lieber gewesen! Zigaretten und Wonne dazu, wäre mir natürlich noch erwünschter gewesen.

Der Juni bringt uns, wie bekannt, statt der Wonne den Sommer. Derselbe geht aber erst am 21. Juni an, weil er den Frühling ablöst. – Die Ablösung sieht man natürlich nicht, weil es nachts 12 Uhr finster ist; es sei denn, es schiene der Vollmond. Selbst dann würde man diese Jahreszeitenablösung nicht sehen, weil gerade so etwas etwas Unsichtbares ist. Der Sommer trifft auch ganz pünktlich am 21. Juni ein; auch wenn es, wie es oft ist, noch kalt ist. Eine alte Bauernregel aus einem alten Kalender findet hier seine Bestätigung:

> Ist es im Juni heiß oder kalt,
> Stehn viele Bäume im Tannenwald,
> Tuen keine Bäume im Walde stehn,
> Ist von dem Wald keine Spur zu sehn.

Den Übergang von dem Frühling auf den Sommer in der Nacht vom 21. Juni merkt man nicht plötzlich an der Temperatur, sondern nur an den menschlichen Einrichtungen, z. B.: Aufstellung von Anlagebänken im Freien, Abstellung der Dampfheizungen in allen öffentlichen Betrieben, wie Hotels, Restaurants, Theater etc. Der Hotelheizer hat z. B. von seinem Direktor den strengen Befehl, am 21. Juni, nachts 12 Uhr (also bei Eintritt der warmen Jahreszeit), sofort die Dampfheizung abzustellen; selbst wenn es die Gäste im Juni noch ab und zu friert. Aber kann denn da der Herr Direktor was dafür, daß der Sommer ausgerechnet am 21. Juni beginnt?

Im Juni beginnt auch die Baderei in den Bädern. Für diejenigen, die nicht schwimmen können, genügt zu Hause eine mit Wasser gefüllte Badewanne. Für Schwimmer ist die Badewanne nicht geeignet! Aber auch Nichtschwimmer können im Freien ein Bad nehmen – ein Sonnenbad. Im Sonnenbad kann man nicht untergehn, weil es nicht tief ist; im Sonnenbad ist noch kein Mensch untergegangen – im Gegenteil: Die Sonne *selbst* geht unter, wenn es Abend wird.

Daß es beim Baden im Freien zweierlei Nässen gibt, wissen viele nicht; aber ich habe etwas Ähnliches erlebt: Ich badete einmal im Starnberger See – der See liegt im Freien, das ist allbekannt. Ich schwamm in den See hinaus, plötzlich fing es bald zu regnen an. Regenschirm hatte ich keinen dabei – was war die Folge – ich wurde zweierlei naß; durch das Seewasser und durch das Regenwasser. Wegen dem Regen schwomm ich sehr schnell an das Ufer hinaus; durch diese Anstrengung schwitzte ich furchtbar. Der Schweiß rann mir am Körper empor: Der Schweiß ist auch etwas Flüssiges, genau wie das Seewasser und das Regenwasser, und hiemit so war ich dreierlei naß. [...]

Herbstvorschläge

Es wird Herbst, die Blätter fallen, und die Reben werden reif oder: Warum wächst bei uns in Bayern kein Wein! Berge hätten wir genügend, aber keine Weinberge – nur Schneeberge. Wenn man diesen Schnee, der auf unseren Bergen liegt, in Flaschen abfüllen würde und lagern täte, entstände daraus Wasser, welches wir gegenwärtig in gewaltigen Mengen zu unserem bayerischen Dünnbier benötigen. Genau so, wie der Rheinländer aus seinen Weinbergen Nutzen zieht, genau so ziehen wir Bayern aus unseren Schneebergen Nutzen. Wir haben auch das Recht, auf unseren Bergen Schi zu fahren, was auf einem Weinberg unmöglich wäre.

Ich hätte eine gute Idee: Den Schnee auf den Bergen wegräumen und dafür Wein pflanzen. Leider gibt es zur Zeit keine Schneeräumer, da dieselben eingerückt sind. Aber ich glaube, es hätte doch keinen Sinn, dies zu tun, denn setzen wir den Fall, es wäre gerade Weinernte und würde zirka acht Tage lang schneien, so daß der Schnee meterhoch tief auf den

Bergen läge, so müßten sich diese Erntearbeiter *sofort* auf Schneeräumer umstellen und den Schnee aus den Weintraubenreben heraus schaufeln. Daß aber durch die schweren eisernen Schneeschaufeln Millionen von Trauben ruiniert werden würden, liegt klar auf dem Fuß, vielmehr auf der Hand. Man sieht hieraus ganz deutlich, daß man auch da und hie *keine* gute Idee haben kann.

Den Schnee auf den Bergen zu entfernen, hätte auch noch andere Nachteile, z. B. die Berge liegen meterhoch voll Schnee, plötzlich scheint die Sonne – es wird warm. Der Schnee schmilzt zu flüssigem Wasser und läuft von den Bergen herunter in die Gebirgsbäche. In denselben gibt es Fische. Diese dienen als Nahrungsmittel für die Menschen. Wenn wir nun, nach meiner oben erwähnten Idee, den ganzen Schnee von unseren bayerischen Bergen wegräumen würden, gäbe es keine Gebirgsbäche. Hätten wir nun keine Gebirgsbäche, gäbe es auch in denselben keine Fische. Wir haben auch zur Zeit sehr selten Fische zu essen, infolgedessen müssen wir fast keinen Schnee auf den Bergen haben. Dann könnte man vielleicht doch Wein pflanzen! Leider ginge uns auf diese Weise, wie schon erwähnt, das Wasser verloren, welches wir zu unserem Dünnbier benötigen. Es steht nun die Frage offen: Sollen wir nun den Schnee auf unseren bayerischen Bergen liegen lassen – oder wegräumen?

München und seine Vorstädte

Über München zu schreiben, fällt mir nicht schwer, nachdem ich ja geborener Münchner bin. Was meine Borung, besser gesagt, meine Geburt betrifft, so möchte ich vorausschicken, daß ich mir über das Wort »geboren« schon oft Gedanken gemacht habe. Bekanntlich benützt man zum Bohren einen Bohrer. Bohrt aber nun z. B. ein Schreiner in ein Stück Holz ein Loch – was kommt heraus? Holzspäne. – Der Schreiner bohrt aber nicht das Loch um Holzspäne zu bekommen, sondern er bohrt, damit er ein Loch erhält. Geboren hat er dieses Loch nicht, sondern er hat das Loch gebohrt. Es handelte sich also dabei um eine Bohrung, nicht um eine Geburt. Geburt wäre hier nur am Platze, wenn der Schreiner das Loch buren, statt bohren würde. Was hat also diese Bohrerei für eine Erklärung, wenn ein Kind zur Welt kommt? Ich erlaube mir, zu wissen, daß es Zangengeburten gibt. Der Geburtshelfer benützt in diesem Falle eine Zange – aber niemals einen Bohrer. Bei der Verwendung eines Bohrers würde er ohne Zweifel in das Kind im Mutterleibe ein Loch bohren und das Kind käme mit einem Loch zur Welt. Aber ob nun mit oder ohne Loch, in München selbst bin ich nicht geboren, wenigstens nicht in der Altstadt, sondern in der Vorstadt Au. Schon wieder haben wir hier ein Wort, welches ich genau erklären möchte. Was heißt Au? – Es ist dies nur eine Abkürzung von auweh, die zweite Silbe von auweh heißt weh – v. weh – die Mehrzahl ist wehen. Was sind Wehen? Und schon wieder sind wir bei der Geburt eines Menschen angelangt. Wehen sind schmerzhaft. Der Schmerzensschrei ist bekanntlich auweh. Eine Mutter hat vor der Geburt Wehen, die Wehen tun weh, der Schmerzensschrei ist au – und noch keine Mutter wird in dieser Situation statt Au – Giesing oder Haidhausen geschrien haben. Nun steht weiter die Frage offen: Was hat die Vorstadt Au mit weh zu tun? – Die Au – Mehrzahl Auen – »Über Felder, über Auen zog ich leichten Schritt's dahin.« Die Auen sind also freie Flächen, unbebaute Gegenden und man nimmt an, daß die Au in der Vorzeit unbebaut war. Die Vorstadt Au soll die älteste Vorstadt von München sein, und es ist urkundlich nachgewiesen, daß im Jahre 1100 nur einige kleine Häuser dort gestanden sind, und wenn in einigen Jahrzehnten die Trümmer und Ruinen unseres unseligen Krieges weggeräumt sind, dann schaut die Au heute 1947 genau wieder so aus, wie im 11. Jahrhundert. – Ob die Au aus den Auen ihren Namen erhalten, ist höchstwahrscheinlich. Diese Auen lagen rechts der Isar und man nennt dieselben heute noch die Isarauen. Die Isar trennt die Altstadt von der Vorstadt Au. Über diese

Isar wurde eine Brücke gebaut, unter der die Isar durchfließt. Aber einigemal kam ein solch gewaltiges Hochwasser, daß die Isar nicht nur unter der Brücke, sondern auch über die Brücke floß. Die Brückenjoche konnten das viele Wasser nicht aufnehmen, und deshalb baute man eine zweite Isarbrücke. Diese zwei Brücken münden in die Zweibrückenstraße ein und aus. Die Isar liegt im Bett – im Isarbett. Die Isar ist ein Fluß. Wäre die Isar dreimal breiter, wäre sie ein Strom. Dann wäre sie bei unserer heutigen Stromknappheit nützlicher als ein Fluß. Besser gesagt, wir bräuchten heute einen Überfluß an Strom. Häufig ist im Isarfluß so wenig Wasser vorhanden, daß wir mit dieser Wasserkraft nur den Strom für *eine* Glühlampe erzeugen können. Aber hier setzt bei Stromknappheit das Elektrizitätswerk ein und liefert den Strom zu Hunderttausenden von Glühlampen. Aber nur – wenn wir Kohlen haben. Haben wir kein Isarwasser *und* keine Kohlen – sitzen wir nicht auf dem Trockenen, sondern im Finstern. Die Au gehört heute, wie so vieles, der Vergangenheit an. Aber ich bin selig, an diesem Ort geboren zu sein. Und wieder bin ich zum Schluß bei der Bohrerei angelangt.

Karl Valentins »Vater unser«

Vater unser, der Du bist im Himmel,
erlöse die Menschen nun endlich von den Menschen.
Diese Sippschaft ist nicht mehr wert
als daß Du sie vernichtest.
Sie wissen nichts anderes mehr zu tun
als Blut zu vergießen
indem sie sich gegenseitig abschlachten.
Mache Du nun endlich Schluß
mit den unseligen Kriegen
auf der ganzen Erde.
Du allein bist der Größte Feldherr.
Du brauchst keine Giftgase
und keine Kanonen
keine Tanks und keine Bomben.
Du brauchst nicht so grausame Waffen.
Lasse Du harmlose Schneeflocken vier Wochen lang
Tag und Nacht ununterbrochen auf die Erde fallen,
dann ist der wahre Frieden auf Erden –

Amen.

Maximen ohne Reflexionen

Der Eine glaubt an seinen Glauben, glaubt aber in Wirklichkeit an seinen Glauben nicht, weil er glaubt, der Glaube an
welchen er glaubt, ist nicht der richtige Glaube.

Ja so ändern sich die Zeiten, die Menschen sind asgebinoierter geworden, sie begreifen allmählich, welche Wichtigkeit in
sich verbirgt, allzu schnell ein Wirrwarr von Kleinigkeiten zu
besitzen, deren Ursache sie selbst sind. Auch die inkurnikste
Ansicht, der jetzt lebenden Menschen, kann ein Stillstehen

der breiten Masse unbeirrt in sich bürgen, ohne reginöse Perplexerscheinungen in ein sicheres Vorhandensein quittieren könne. Die Menschheit ist skingtingstiefer geworden, sie singen ein Prosit der Gemütlichkeit und lasse sich dabei Zähne plombieren. Die Kunst wollen sie nicht mehr anerkennen. Sie gehen her, lassen Riesensteinblöcke an irgend einem Platz abladen und heissen das Abgeladene »Denkmal«.

Ich hab aufgehört zu rauchen, aber ich fang bald wieder an, mit dem aufhören, aufzuhören.

A: Vielleicht holen Sie mich mit Ihrem Auto ab?
VALENTIN: Ich habe selbst kein Auto, nicht einmal eine Strassenbahn.

Wenn ich besoffen bin, geh ich mir selber aus dem Weg.

Bekanntmachung: Wer mehr Geld hat, als er hat, hat es im Finanzamt zu melden. Hat er nicht mehr als er hat, hat er es auch zu melden. Nur, wenn er genau so viel hat, als ein anderer hat, der gar keins hat, hat er Steuerfreiheit.

Witzige Kurztexte

Lustige Reklame

Valentin singt und lacht selbst dazu. – Um nicht in Verlegenheit zu kommen, dass bei dieser Parodie über das alte Volkslied niemand lacht, lacht er gleich selber nach jeder Strophe. Wie er das macht, soll Ihnen diese Schallplatte verraten.

Bei Abnahme von 10000 Stück eine Schallplatte gratis. Homocord Schallplatten sind an ihrer runden dunkelschwarzen Form erkenntlich.

Homocord Schallplatten sollen in keinem Haushalt fehlen. Kluge Ha[u]sfrauen spielen nur Homocord Schallplatten.?????

Einige Anerkennungsschreiben:
.......Teile Ihnen ergebenst mit, dass ich mit Ihren Schallplatten von Karl Valentin und Liesl Karlstadt sehr zufrieden bin. Bitte senden Sie mir sofort noch 5000 Stück per Nachnahme.

Benedikt Horchgern Berlin a. d. Elbe.

.....Ihre Homocord Schallplatten haben in meiner Familie grosse Freude erweckt. Leider haben wir keinen Apparat, um die Platten spielen zu lassen.

N. N.

..........Teile Ihnen mit, dass ich jeden Menschen vor dem Ankauf Ihrer Valentin-Karlstadt Platten warne. Seit drei Tagen muss ich das Bett hüten, da ich mich über Valentin Karlstadt Platten krank gelacht habe –. Ich wünsche mir selbst gute Besserung und baldige Genesung.

Otto Empfindlich Ruhr an d. Essen

Einbildungsanstalt für Leute, die nichts sind, aber etwas sein wollen. Weitere Ausbildung im Hochnäsigsein für ganz überspannte Personen. Separatkurse. Institut Plem-Plem.

Wer leiht einem jungen Sänger ein altes Lied zum Singen?

Gebiß wurde verloren von alter Dame. Vor Missbrauch und Selbstbenützung wird gewarnt!

Großes Haustor
2flügelig (massiv Eichenholz) mit dem daran befindlichen 4stöckigen Haus zu verkaufen.

Marmorgießerei übernimmt sämtliche Aufträge im Stiegenputzen, Preißelbeereinmachen, eigene Fliegenleimdestillation, Einstudieren von Chorgesängen, Kaminausbrennen.
  A. Meier mit Frau & Comp. G. m. b. H.
  St. Anna Fußweg, Trambahnhaltestelle Eglfing

Steinhartes altbackenes Brot,
erhalten Sie jeden Sonn- und Feiertag.
Offerten unter »Sonntagsruhe« a. d. Exp.

Seltene Gelegenheit für Zigarettenraucher!!
  Eine leichte Zigarette Nr. 6 mit Mundstück wegen Platzmangel zu verkaufen.
  Wird auch einzeln abgegeben.

Kartoffel-Acker 20–30 Tagwerk zu kaufen gesucht. Womöglich Nähe des Marienplatzes.

Verloren wurde Dienstag abend zwischen Karlsplatz und ½7 Uhr ein silberner Spazierstock (längliche Fasson). Abzugeben womöglich brieflich an die Exp. des Blattes.

Warm zu empfehlen ist mein prima Fruchteis:
Vanille, Erdbeer,
Himbeer, Saubeer-Geschmack.
Josef Süß, Conditor-Ei.

Wanzen!
Entfernt samt Betten und Möbel usw.
Jakob Pflicht, Gerichtsvollzieher

Weinhaus zur goldenen Traube – Spezialausschank in prima
sächsischen Weinen.

Seidenstrümpfe zum An= und Ausziehen erhalten Sie am besten in einem Seidenstrumpfgeschäft.

Klavier gut erhalten, wegen Anschaffung einer Semmelbrö-
sel-Reibmaschine zu verkaufen!!

»Kapitalist« gesucht zur Ausarbeitung eines Patentes.
Nasentröpferlauffangungsundheruntertropfverhütungsap-
parats.

Nehme die, gegen Frau Rosa Meierhofer gemachte Äüßerung
»Viech« zurück und behaupte öffentlich, daß sie kein Viech,
sondern ein »Schinderfetzen« ist.

Kaufmannslehrling, der 45 Jahre in einem Geschäft tätig war,
sucht Stellung als Veteran.

Europäische »Mittwoch-Zeitung« erscheint ab Montag nur
mehr *Dienstag* und *Freitag* mit Ausnahme vom Aschermittwoch.
    Die Rehdagdion

Arme Taglöhnersfrau verlor auf dem Wege zum Hoftheater
ihr goldenes Brillantkollier mit 60 Brillanten. Bei Rückgabe
2 Mark Belohnung und freie Wohnung.

Altdeutscher Schrank aus dem Jahre 1926 zu kaufen gesucht.
Vorzustellen täglich Gärtnertheater 3. Rang links.

Ein stehendes Messer, welches jetzt irgendwo liegt, ging verloren.

Vor dem ehrlichen Finder wird gewarnt!!!!

Zugehfrau, die auch wieder weggeht, sofort gesucht. Vorzustellen bei M. *Tucker, London, Feldmochingerstreet SE.* 9587 17942.

Fräulein oder Herr
sucht Lebensgefährtin behufs Schifferlfahrt auf dem Kleinhesseloher See. Anzüge nach Maß stets auf Lager.

Unterricht im Tiefseetauchen erteilt in und außer dem Hause: Herr Wwhmbdln.... Taucher.

Weibliche Dame aus hundsgemeiner Familie wünscht sich mit vermögendem Herrn, wenn auch Lackl, behufs *Ehe* kennen zu lernen.

Offerten unter Ehrlich gemeint an Red. des Blattes.

Wer lernt einem sechs Wochen alten Kind das Gehen?

Eine Mundharmonika mit Fußbetrieb zu kaufen gesucht. D. Exp.

Oberbayerische Kanalbau und Laubsägeholz=Manufaktur (Abteilung für Nichtraucher) übernimmt sämtliche Aufträge aller Art. Bester Stiefelabsatzersatz – Einige Stiegenhausbeleuchtung – Bei schlechtem Wetter keine Preiserhöhung! Auf Wunsch werden Böllerschüsse und Neujahrsgratulationen ins Haus geliefert. Mit bestem Gruß und Kuß

Aktiengesellschaft Die Damischen.

In schönster Lage Münchens ist ein Tafelklavier zu verkaufen.

Offerten unter 217893 538176258.

Verloren wurde am Freitag, den 26. März 1713 ein Geldbeutel mit 70 Kreuzer Inhalt. Sollte derselbe noch gefunden oder ausgegraben werden, bitte denselben im Deutschen Museum (Abteilung Münzensammlung) abzugeben.

Alleinstehende Frau, welche sich endlich einmal niedersetzen will, sucht Sessel oder Stuhl zu kaufen.
Foto erwünscht!
Niedelgeigenstraße 1/8.

Jene Dame, welche am Donnerstag vormittags 4 Uhr in der Kaiserstraße mit einem Straßenbahnfahrschein in ein Auto umstieg, wird um ein Darlehen von 20 Mark gebeten, da dieselbe erkannt wurde.

Reitsport!!
Unterricht im Reiten
auf dem bekannten
»Amtsschimmel«
erteilen gründlich
die Behörden der Stadt

Schalldämpfer
(Technische Neuheit)
reduzieren den lautesten Lärm
Unentbehrlich bei Stadtratsitzungen.

Moderne Denkmäler!
fertigt
N. Sachlich
Moderner Bildhauer

Humorüberfluss
entfernt
unter Garantie!
Finanz Amt.

Seissmograph
beim letzten Münchner
Erdbeben
»entsprungen«
abzugeben gegen Belohnung
bei Münchner Sternwarte
Bogenhausen

Alter stellenloser
Hochradfahrer
sucht
Beschäftigung
(fährt auch auswärts[)]

Götz von Berlichingen
erteilt
Privat=Unterricht

Neue Lichtbilder

Alle Arten von Backwaren, wie:
Schwarzbrot – Semmeln – Brötchen ectr.
verfertigt unter Garantie
Bäckermeister Willi Ott
München, Kanalstrasse 10
Reperaturen schnell und billig – – – (Tel. zu jeder Tageszeit)

Munich im Jahre 1365
Ritteranzüge (Rüstungen aus Blech – nach Maass)
verfertigt
Johann *Werner* (Klemptner)
Spenglerei
Kanalstrasse 18/0

Toilettenseife
zum Waschen des Kopfes – des Gesichtes – des Halses –
der Brüste – des Bauches – des Rückens – der Beine –
und des u. s. w. . . . .
Seifenfabrik
A. Linsenmeier
Sebastianplatz 4

Warnung!!
Das allbekannte Wiener Lied:
»Im Brater blühn wieder die Bäume«
darf im Winter nicht mehr gesungen werden.
Reichsgesangskammer – Olching
Zu haben in Apotheken und Drogerien.

Schneiden Sie sich selbst in den Finger!
und probieren Sie sodann unser neues
Wundpflaster – »*Heilin*«
Zu haben in allen »Heilin=Geschäften[«]

Gesuche um *Gehaltskürzungen*
nimmt auf Wunsch jede Firma mit Freuden entgegen.
Der Arbeitgeberverband

Wahres Sprichwort
aus der guten alten Zeit – bis 1923:
»Spare in der Jugend – dann hast Du im Alter-
Inflationsscheine.[«]

Alte benützte *Zahnstocher*
werden wie *neu*, durch meinen elektr.
Patent – *Zahnstocherhobel* – »Fix«
Preis 80 Mark
Maschinenfabrik Maier und Co.

Nicolausdarsteller
für 6. Dezember noch frei.
B. Huber
Bahnhofstrasse 1

Wer erteilt Auskunft über den Aufenthaltsort unserer vielen
Zeppelin – Luftschiffe?
Offerte unter:
»*Verschollen*« a. d. E. d. Bl.

Unterricht
im bayrischen »Schnaderhüpfl=singen«
erteilt
Egon *Schulze*, Gesangspädagoge
Berlin, Friedrichsstrasse oo

Lieber guter Franz!!
»Kehre zurück zu Deiner Gattin«!
Schwiegermutter gestern ausgezogen.
Deine
Liselotte

Kanzleirat sucht *Motorrad* zu kaufen!
an Ex. d. Bl.

»*Himmelfahrtspillen*«
auch
»*Jenseitsiol*« genannt.
Hauptbestandteil – Ziankali
wirken »totsicher«
Nur einmalige Ausgabe!
Viele Dankschreiben!
Zu haben in *keiner* Apotheke.

Lasst den Kopf nicht hängen!!
Eine einfache Holzleiste mit zwei Riemen genügt!
Holzleistenfabrik
Holzinger und Co.

Ma[u]rer noch einige Tage frei!!!
Offerte unter
»*Freimaurer*«
An die Exp. d. Bl.

(Nach Wilhelm Busch)
»Es ist ein Brauch von Alters her,
Jetzt haben wir auch ›den‹ nicht mehr.«

Faule Eier
sind nicht besser,
als gar keine!!

Schonet Eure *Schuhe!!!*
Geht auf den Händen!!!

Suche
ein altes *Bergwerk*,
gegen mein vierstöckiges Wohnhaus
einzutauschen.
Offerten unter
»Sicher ist sicher«
an die Exp. d. Bl.

Zum bevorstehenden *Weltuntergang*,
empfiehlt
seine prima
Luftballons
Ballon=Fabrick
Meier und Co.

Lippenstifte
erste Qualität
für alle Arten von Lippen
Parfümerie
Schulze, Berlin.

Versetzung von *Grenzpfählen*
übernimmt
Grossdeutschland.

Operngläser
auch für *Operetten* passend
empfielt
Optikerei
Linsenmeier

Ringkämpfer
verlor
seinen *Ring!*
Mit was soll er jetzt kämpfen???

Rohkostler,
der sich »umgestellt« hat,
sucht
Küchenherd
zu kaufen.
Joseph Dürr
Bahnhofsplatz 1.

Als *Karl der Grosse* noch klein war,
wurde er immer grösser – bis er die Grösse erreichte,
die Ihn zum
Karl de[n] Grossen
machte.

Wissen Sie schon?

...daß der Münchner lieber ins Deutsche Museum, statt ins Hofbräuhaus geht?

...daß der Krieg 1870/71 um 29 Jahre kürzer war als der Dreißigjährige?

...daß München heute 76 Kinos hat gegen gar keine vor 100 Jahren?

...daß mancher nicht weiß, was er wissen soll, obwohl er schon viel weiß und es selbst unbewußt nicht gewußt hat.

...daß die Welt nur ohne Menschen schön wäre?

...daß eine Riesenschlange auf der rechten Seite genau so lang ist wie auf der linken?

...daß mancher seine eigenen Fingernägel zum Fressen gern hat?

...daß man ein weiches Ei nicht als Zahnstocher benützen soll?

...daß Pfingsten *vor* Ostern kommt, wenn man den Kalender von *hinten* liest?

Nachwort

Selten hat jemand die Sprache so beim Wort genommen wie Karl Valentin. Mit ungeheurer Präzision hat er dem alltäglichen Sprachgebrauch nachgespürt und dabei allerhand grammatische Vergehen und logische Brüche aufgedeckt. Genauigkeit ist bei Valentin die Methode des Wort-Artisten, um aus den Sprachverbiegungen und -verdrehungen Komik entstehen zu lassen. Wie sonst nur in den Wissenschaften, so wird bei ihm die Präzision zu einer regulativen Idee, zu einer Leitidee bei seinen Sprachspielen. Dies verdeutlicht bereits der frühe Monolog »Das Aquarium« (1908), in dem die Verwendung einer Präposition den Text und den Leser zum Rotieren bringt. Natürlich kann man nicht »*in* der Sendlingerstraße« wohnen, weil dort ständig Straßenbahnen oder Autos durchfahren. Auch im Erdreich – gleich einem Maulwurf – wohnen wir nicht. Obwohl die Aussage, daß jemand *in* einer Straße wohnt, streng genommen unsinnig ist, verstehen wir sie doch richtig und verwenden sie ganz selbstverständlich. Daß wir uns aber über den Unsinn eines solchen Satzes nicht verwundern, genau darüber wundert sich nun seinerseits der Komiker, der sich dabei über unsere üblichen Sprachverwendungen lustig macht. »Man sagt halt so« – dies bleibt als letzte Begründung für unseren so unlogischen Sprachgebrauch übrig. Damit erweist sich Valentin zugleich auf der Höhe der modernen Sprachphilosophie. Nach Wittgenstein gibt es keine normativen, sondern nur solche Bedeutungen, die situativ in einem Sprachspiel entstehen: Die Bedeutung eines Wortes zeigt sich in der konkreten Verwendung innerhalb einer bestimmten Situation.

Der »Aquarium«-Text bietet noch andere Einfallstore für den Unsinn. Daß in einem Haus eine Treppe hinaufgeht, erweckt zunächst noch keinen sprachlichen Verdacht. Valentin fügt jedoch gleich hinzu: »Das heißt – sie geht schon auch wieder herunter, vielmehr wir, nicht die Treppe, gehen hinauf, man sagt ja nur so.« In vorliegender Fassung des Textes kommt es zu einem verqueren Hin und Her über den möglichen Verkauf des Aquariums mit oder ohne Fische: »Ess' ich die Fische wirklich und verkaufe das leere Aquarium – hat der andere das Aquarium, und ich hab' die Fische. Verkaufe ich die Fische – hat der andere die Fische und ich das leere Aquarium. Verkauf' ich das Aquarium mit den Fischen – so wird das ein Transport der einen zur Verzweiflung bringt. Denn geht man schnell mit dem fischgefüllten Aquarium, dann schwabbelt immer das Wasser raus und die Fische werden seekrank. Geht man langsam, macht man drei Stundenkilometer! Trägt man die Fische extra und das Aquarium auch extra – werden die Fische kaputt. Kauft mir der andere nur das Aquarium ab, dann kann er zwar das Aquarium schnell heimtragen, aber er hat keine Fische dazu. Kauft er mir das Aquarium nicht ab und die Fische auch nicht – hat er gar nichts.« Am Schluß folgt dann die absurde Pointe: Um einem Fisch nicht weh zu tun, ertränkt er ihn in der Isar.

Der Verkauf des Aquariums verweist auf eine eigene Gattung der Alltagskommunikation, auf die *Verkaufsgespräche*, die Valentin gerne inszeniert hat. In diesen werden die gewöhnlichen Regeln eines funktionierenden Dialogs außer Kraft gesetzt. Die Gesprächspartner reden nicht nur aneinander vorbei, sie haben jeweils eine ganz andere Vorstellung vom Gegenstand oder rekurrieren auf Bedeutungen, die dem Sachverhalt kaum angemessen sind. So kommt es in dem Dialog »Im Hutladen« nicht zu einem Verkauf, weil die Klärung der Hutformen und die seltsamen Kundenwünsche das Gespräch platzen lassen. Es geht mehrfach in die Irre, weil es zwischen dem Verkäufer und Valentin zu einem Kommunikationsriß kommt oder die Antworten des Kunden die Fragen des Verkäufers unterlaufen oder umgehen. Es entstehen dadurch Kontraste und Inkongruenzen im dialogischen Wechselspiel, die das Komische ausmachen:

VALENTIN: Ich will einen Hut zum Auf- und Absetzen.
VERKÄUFER: Jeden Hut können Sie auf und absetzen! Wollen Sie einen weichen oder einen steifen Hut?

VALENTIN: Nein – einen grauen!

VERKÄUFER: Nein! Ich meine, was für eine Fasson?

VALENTIN: Eine farblose Fasson! [...]

VERKÄUFER: Schöne weiche Filzhüte hätten wir.

VALENTIN: Die weichen Filzhüte haben den Nachteil, dass man sie nicht hört, wenn sie einem vom Kopf auf den Boden fallen.

VERKÄUFER: Na, dann müssen Sie sich einen Stahlhelm kaufen, den hört man fallen!

VALENTIN: Als Zivilist darf ich keinen Stahlhelm tragen.

VERKÄUFER: Nun – müssen Sie sich aber bald entschliessen, was Sie für einen Hut wollen.

VALENTIN: Einen neuen Hut!

VERKÄUFER: Ja, wir haben nur neue.

VALENTIN: Ich will ja einen neuen.

VERKÄUFER: Ja, aber was für einen?

VALENTIN: Einen Herrenhut!

VERKÄUFER: Damenhüte führen wir nicht!

VALENTIN: Ich will auch keinen Damenhut!

VERKÄUFER: Sie sind sehr schwer zu bedienen, ich zeige Ihnen jetzt mehrere Hüte!

VALENTIN: Was heisst, mehrere, ich will doch nur einen, ich habe ja auch nur einen Kopf.

VERKÄUFER: Nein – zur Auswahl zeige ich Ihnen mehrere.

VALENTIN: Ich will keine Auswahl haben, sondern einen Hut, der mir passt!

Bei den »Interessanten Unterhaltungen« bewegen sich die Gespräche stets im Kreis. In »Haben Sie Zeit, geh'n S' mit« wird von einem Partner die Einladung ausgesprochen, »irgend wohin« mitzugehen. Die Antwort des Eingeladenen: »Da war i scho amal!« Wo sie hingehen und bleiben wollen, das bleibt unausgesprochen; ihr Ziel ist ort- und namenlos. Was die beiden Sprecher produzieren, sind lediglich soziale Geräusche, völlig redundante Fragen und Antworten. Jede Frage, jede Antwort hängt in der Luft; es läßt sich kein Sinn und Zweck ihres Gesprächs feststellen. Dieses kulminiert dann nicht zufällig in einer Absurdität: »Wenn i so viel Geld hätt wie Zeit, dann hätt i mehr Geld wie Zeit!« Damit ist diese Unterhaltung aber noch nicht zu Ende. Erst nach zwei- bis dreimaliger Wiederholung folgt die Unterbrechung des Kreislaufs. Es gehört zu den Merkmalen absurder Szenen und Dramen, daß sie am Ende wieder in den Anfang einmünden und das Ganze sich – potentiell unendlich – wiederholt. Auch das »Gespräch am Springbrunnen« geht nicht über das Herumdrehen an Funktion und Bedeutung des Worts »Spring-Brunnen« hinaus. Die Konnotationen zu »springen« lassen eine Assoziationsflut los, in der das Objekt verschwindet. Valentin demonstriert dabei, wie wenig von der Bezeichnung einer Sache auf die Sache selbst geschlossen werden kann. In der »Bahnhofszene« wird allmählich die Erkennungsszene, eine komisch gewendete Anagnorisis, vorbereitet: Die Partner entdecken im jeweils anderen den früheren Ehegatten. Nach dreißig Jahren sehen sie sich wieder, was den Mann zu der Bemerkung veranlaßt: »Drum ist mir Dein Hut glei so bekannt vorkomma.«

Welche Schwierigkeiten es bereiten kann, einen *Brief* zu schreiben, hat Valentin in verschiedenen Szenen vorgeführt. Der »komische Liebesbrief«, der mit »weinenden Händen« verfaßt wird, gleicht einem sprachlichen Veitstanz um das Wort »schreiben«. In allen möglichen Varianten wird das Schreiben und Nicht-Schreiben des Briefes durchgespielt, bis sich die Serie der Appelle zu einem Wust von Referenzen verknotet. Die einzig sinnvolle Sprachhandlung besteht zuletzt in der Anweisung an den Überbringer des Briefes, der übermitteln soll, daß der Schreiber der Zeilen auf die Angebetete »heut Nacht um 2 Uhr – Ecke Dachauerstraß' und Isartorplatz« wartet. Allerdings ist dieser Treffpunkt wieder irreal, denn die Dachauerstraße und der Isartorplatz in München liegen weit auseinander und bilden keine Ecke.

In »Theaterbesuch« wird die Kunst des Briefeschreibens gar zu einer grotesken Farce. Ein Ehepaar will dem Sohn kurz mitteilen, daß es nicht zu Hause ist.

FRAU: Dann schreib ich, daß wir nicht daheim sind.

MANN: Dös brauchst ihm net schreiben, das sieht er ja selber – aber dös mußt ihm schreiben, daß wir fortgangen sind.

FRAU: Das mein ich ja! Ich schreib ihm, daß wir nicht da sind, weil wir abwesend sind.

Der Brief soll ihn überdies darauf hinweisen, daß sein Abendessen in der Küche am Ofen steht. Die Niederschrift bereitet gleich anfangs eminente Schwierigkeiten: Die Eheleute haben den Namen des Sohnes vergessen und ringen um die richtige Anrede. Und am Ende grüßen dann die »fortgegangenen Eltern, nebst Mutter«. Vor allem wird großer Wert darauf gelegt, daß der Brief mit einem Punkt abgeschlossen wird, andernfalls könnte der Sohn einfach weiterlesen (»sonst liest dös Rindvieh weiter«). Durch allerlei Verweiszusammenhänge mit Spiegel und Zettel soll der Leseakt initiiert werden.

MANN: Das ist großartig, da schau her, jetzt wenn er kommt, stellt er sich daher, schaut in den Spiegel hinein und denkt sich, was ist denn das für ein Zettel? Dann sieht er ihn an.

FRAU: Wir schauen freilich nein, weil wir wissen, daß da ein Zettel liegt – aber er hat ja keine Ahnung, jetzt wenn er nicht neinschaut?

MANN: Das ist Grundbedingung, daß er neinschaut.

FRAU: Wenn er aber net neischaut, dann hast den Zettel umsonst hing'stellt.

MANN: Jaso, halt, ich hab's – jetzt schreibst nochmal an Zettel: Wenn du heimkommst, schaue sofort in den Spiegel.

Im Spiegel soll der Sohn also den Zettel wahrnehmen, der ihn auf den Brief verweist, den er lesen muß. Umständlicher und verzwickter kann man wohl kaum einen Brief dem Adressaten näherbringen! Was Valentin mit diesem Text illustriert, sind die unterschiedlichen kommunikativen Akte des Schreibens, des Zeigens, des Verweisens; es ist gleicherweise eine Sprach- wie Demonstrationsartistik am Werk.

Das Artistische spielt auch bei Valentins *Wortwitz-Cou-*

plets eine große Rolle. Hier zeigt sich die Ambivalenz seiner Einstellung gegenüber der modernen Kunst sehr deutlich. Mit Lautgedichten knüpft er an die phonetische Lyrik im Stile eines Kurt Schwitters an; in einigen Parodien wird diese Art des Schreibens und Sagens vehement bekämpft. Die Lautgedichte (»Chinesisches Couplet«) oder die Zungenfertigkeitscouplets (»Rezept zum russischen Salat«), die vom rasanten Vortrag leben, gehören ebenso wie der »Blödsinnige Gesang« (»Die vier Jahreszeiten«), in dem die Wiederholung des ewig Gleichen den Wandel der Jahreszeiten sprachlich zurücknimmt, zu den vielfältigen literarischen Ausdrucksformen des »Wortstellers« Karl Valentin.

Als Parodie auf den Expressionismus, bei Valentin ein Synonym für Moderne überhaupt, ist die zweite Strophe des »Expressionistischen Gesangs« hervorzuheben, in der im Schlußvers der Anti-Modernismus explizit dokumentiert wird:

> Kanapee glüht Meeresfreiheit
> Lippen blau aus Abendrot
> Stille Nacht in Marmelade
> Edle Kunst, behüt' dich Gott.

In der darauffolgenden, dritten Strophe bezieht er sich direkt auf Kurt Schwitters, der ein »Alphabet von hinten« geschrieben hat. Valentin, der einiges von Schwitters kannte, dreht das verkehrte Alphabet wieder um, bringt es in die richtige Reihenfolge und schließt es mit drei Pfiffen ab – die Moderne wird regelrecht ausgepfiffen. Und die vierte Strophe ist wieder ein parodistisches Lautgedicht, in dem mit den Phonemen »La« und »Li« einfache Klangreihen und Varianten (Vertauschung des Vokals) erzielt werden, die – gleichsam synästhetisch – die Farbe Lila hervorrufen.

Das »Futuristische Couplet«, das im Untertitel als ein »Gegenstück zu der modernen Malerei« ausgewiesen wird, besteht aus einer Montage sprachlicher Versatzstücke, die als Parodie die Strukturelemente einiger Richtungen der modernen Lyrik aufzudecken versucht.

Der Sprachclown Karl Valentin hat neben den Formen der Alltagskommunikation hauptsächlich in seinen Parodien und Wortwitz-Couplets seinen Sprachverstand und sein literarisches Engagement für die »edle Kunst« unter Beweis gestellt, wenn auch festgehalten werden muß, daß ihm die revolutionär-ästhetische Bedeutung des Dadaismus, des Expressionismus und Futurismus verborgen geblieben ist. Der Gegensatz zwischen einer Begeisterung für die technischen Möglichkeiten, die dem Künstler durch die damals neuen Medien Film und Schallplatte geboten wurden (vgl. den Band mit seinen Techniksatiren: *Senkrechter Kurvenflug im horizontalen Dreieck*), und einer Ablehnung der literarischen Moderne ist für Valentins Einstellung signifikant.

Vieles von seiner krausen Logik und seinen vertrackten Analysen kommt in den *Nonsens-Artikeln* zur Sprache. Die Mischung von Vernunft und Irrsinn, von Klarsicht und Verbohrtheit gipfelt zuweilen in Tiraden gegen den ganzen Kosmos. Karl Valentins »Vater unser« wird von einem Pessimismus getragen, der die Welt als die schlechteste aller denkbaren Welten ansieht.

> Vater unser, der Du bist im Himmel,
> erlöse die Menschen nun endlich von den Menschen.
> Diese Sippschaft ist nicht mehr wert
> als daß Du sie vernichtest.

Der Komiker sieht die Welt als eine abscheuliche, blutige Komödie an, deren Hauptakteure, die Menschen, nichts wert sind. Gegenüber einem solchen apokalyptischen Witz nehmen sich seine sonstigen Sprachspiele fast harmlos aus. »Das ist Ernst! I mach keine Spaß. Das liegt mir nicht!«, heißt es bezeichnenderweise in einer Szene von Valentin (»Volkssänger in der Ritterspelunke«). Und im selben Text stellt er fest: »I brauch mein Hirn zum Denken und net zu[m] [E]inrennen.«

Einige der Witze, die K. V. erzählt oder im Leben durchgespielt hat, wurden von seiner Partnerin Liesl Karlstadt überliefert und erstmals vollständig unter dem Titel »Karl Valentin das Münchner Orginal« veröffentlicht (Band 7 der Karl-Valentin-Werkausgabe des Piper Verlages: *Autobiographisches und Vermischtes*, 1996). Wie definierte Valentin einen Volksaufstand?

A.: *zu B.* Was haben Sie jetzt grad gemacht? Sie sind eben noch da gesessen und sind plötzlich aufgestanden – –
B.: Jawohl! Ist das was Unrechtes?
A.: Jawohl, Sie sind ein Teil des Volkes – – das ist Volksaufstand!!

Woher kommen die Wellen auf dem See?
B.: Das kommt daher, weil sich die Fische so furchtbar erkältet haben im Wasser, jetzt haben sie so einen starken Husten.

Alles kann man, wenn man will!
B.: Das ist nicht wahr – –, Sie können Butter auf die Semmel streichen, aber niemals die Semmel auf die Butter.

Und schließlich der Genauigkeitsfanatiker Karl Valentin:

VALENTIN: *(kommt in ein Werkzeuggeschäft und kauft sich einen Meterstab, er schaut den Meterstab misstrauisch an und sagt zum Verkäufer)* Ich bekomme noch so einen Meterstab.
VERKÄUFER: Genügt Ihnen denn einer nicht?
VALENTIN: Doch, den zweiten bra[u]che ich nur um den ersten damit zu messen ob der auch wirklich 1 Meter lang ist.

Zwischen Weisheit und Kalauerei sind Valentins Texte oft plaziert. Bisweilen stoßen sie zu einer Einsicht vor, die aus der Sprache gewonnen wird. Dies gilt besonders für die Texte im vorliegenden Band, die unter dem Titel »Komische Sprachspiele« zusammengefaßt sind. Darunter befinden sich Valentin-Klassiker wie »Semmelknödel«, der verbale Streit darüber, wie der Plural in ein Kompositum einzutragen ist, oder »Die Fremden«, ein Dialog, der die Relativität von Fremdheit sprachlich verankert. Im »Streit mit schönen Worten« wird Liebesgeflüster ersetzt durch Beschimpfung, die fast dieselbe Zuneigung erkennen läßt wie ein empfindsamer Diskurs.

In anderer Weise wird Sprache in den »Lustigen Reklamen« und »Neuen Lichtbildern« verwendet. Bei diesen skurrilen Werbetexten, die u. a. als Pausenfüller bei Vorstellungen gedacht waren, wird auf den Verdinglichungscharakter der Sprache abgehoben und der semantische Leerlauf von Werbespots serienweise imitiert.

Das »Anrennen gegen die Grenzen der Sprache« (Wittgenstein), das zu den Blamagen in der Alltagskommunikation und zu den Unfällen bei der Sprachartistik führt, bezeichnet Valentins Don-Quichotte-artiges Verhältnis zum Wort. In seinem Aufsatz »›Am Ufer der Vernunft‹ – Die analytische Komik Karl Valentins« (in: Helmut Bachmaier [Hg.]: *Kurzer Rede langer Sinn*. Texte von und über Karl Valentin. Piper, München 1990, S. 13–42) hat Thomas Rentsch die komischen Grenzfälle der valentinesken Sprachspiele katalogisiert. Folgende Merkmale der Sprachkomik bei Valentin lassen sich herausstellen:

1. *Kategorienvertauschungen:* Diese liegen vor, wenn Kategorien wie Raum und Zeit verwechselt oder gegeneinander ausgetauscht werden. Beispiel: »Ich weiß nicht mehr genau, war das gestern, oder war's im vierten Stock oben...« (»Im Gärtner-Theater«).

2. *Verstoß gegen Sprachkonventionen:* Hier wird der Vereinbarungscharakter von Sprache bewußt verkannt, Tautologien entstehen. Beispiel: »Die Eisenbahnfahrt ging sehr schnell, da es ein Schnellzug war; wäre es ein Güterzug gewesen, wäre die Fahrt natürlich nur Güter gewesen. [...] Die Gesellschaft im Eisenbahnwagen war sehr gemischt; es waren fast lauter Reisende, nur der eine Herr, der in München den Zug versäumte, fuhr nicht mit...« (»Brief aus Bad Aibling«).

3. *Definitionsmanie:* Nicht jeder Wortgebrauch (z. B. Farb-Worte wie »rot« oder »blau«) kann durch eine explizite Definition endgültig festgelegt werden. Beispiel: Bezüglich des Augenarztes, der seine Farbenblindheit festgestellt hat, bemerkte Valentin: »Wie möcht denn der sehng, ob i rot sehng kann, wenn i doch aa net siehch, ob er rot sehng kann, und wenn vielleicht i rot sehng kann, aber er net, und er meint, i siehch's net, weil er's aa net siehcht, oder weil des, was er siehcht, gar net amal rot is?« (Nach »Passiert is was«. Valentiniaden erzählt von Gusti Grunauer-Brug. Piper München, ³1960, S. 67.) Oder: »Wenn einer a Geld hat und is kein Artist, des is gerade so als wie, als wie irgendwas anders« (»Die verkaufte Braut«).

4. *Zeigen statt Sagen:* Bei Auskunftsgesprächen wird in eine Richtung gezeigt statt der Weg beschrieben, oder es wird etwas sinnfällig demonstriert. Beispiel: »Das ganze Aquarium ist nicht größer als so, *(zeigend)* sagn ma, das sind die zwei Glaswände, (das sind meine Hände, ich erklärs ihnen nur, daß sies besser verstehn)...« (Variante zu »Das Aquarium«).

5. *Genauigkeitsfanatismus:* Dafür wurden in diesem Nachwort weiter oben bereits Gründe und Beispiele angeführt.

6. *Situationsignoranz:* Hierbei wird der Kontext oder die Situation, in der die Rede stattfindet, ausgeblendet. Beispiel: »VERKÄUFER: [...] ich zeige Ihnen jetzt mehrere Hüte! KARL VALENTIN: Was heisst, mehrere, ich will doch nur einen, ich habe ja auch nur einen Kopf. VERKÄUFER: Nein – zur Auswahl zeige ich Ihnen mehrere. KARL VALENTIN: Ich will keine Auswahl haben, sondern einen Hut...« (»Im Hutladen«).

Die Sprachkomik Karl Valentins ist insofern analytisch, als sie die kategorialen, konventionellen und logischen Bedingungen unseres Sprechens ins Visier nimmt. Darüber hinaus stellt er mit seiner Fundamentalkomik die Frage, was wir sagen können und was nicht, wo also die Grenzen unserer Sprache, die nach Wittgenstein zugleich die Grenzen unserer Welt, unseres Weltverständnisses sind, liegen. Die im vorliegenden Band versammelten Texte sind Kabinettstückchen aus Valentins Museum für aberwitziges Sprechen und absurd-komische Sprachmasken.

Helmut Bachmaier

Literaturhinweise

Helmut Bachmaier (Hrsg.), Kurzer Rede langer Sinn. Texte von und über Karl Valentin. Piper, München 1990.

Michael Glasmeier, Karl Valentin. Der Komiker und die Künste. Hanser, München/Wien 1987.

Stefan Henze/Andrea Heizmann (Hrsg.), Karl Valentin. Sämtliche Werke, Band 7, Autobiographisches und Vermischtes. Piper, München 1996.

Michael Schulte, Karl Valentin. Eine Biographie. Hoffmann und Campe, Hamburg 1982.

Karl Valentin, Senkrechter Kurvenflug im horizontalen Dreieck. Tücken der Technik. Hg. v. Helmut Bachmaier. Piper, München 1996.

PIPER

Karl Valentin
Sämtliche Werke, Band 6
Briefe

Herausgegeben von Gerhard Gönner. 379 Seiten. Leinen

Die hier erstmals vollständig publizierten Briefe zeigen
ein aufschlußreiches Bild des Künstlers wie des Menschen
Valentin. Sie decken neue Seiten – ebenso harsche wie
zärtliche – im Verhältnis zu seiner Partnerin Liesl
Karlstadt auf, belegen den oft verzweifelten Kampf des
Künstlers um Auftritts- und andere Wirkungsmöglich-
keiten, speziell nach der Machtergreifung der National-
sozialisten – und sie sind in ihrer Mehrzahl natürlich auch
wieder Zeugnisse des komischen Genies, das auch in
seiner täglichen Korrespondenz die Lust am Drehen und
Wenden der Dinge und Worte nicht preisgibt.

PIPER

Karl Valentin
Sämtliche Werke, Band 7
Autobiographisches und
Vermischtes

Herausgegeben von Stefan Henze und Andrea Heizmann
in Zusammenarbeit mit Max Auer. 465 Seiten. Leinen

Karl Valentins Karriere begann auf der Straße, die ihm oft
genug zum Fluchtweg wurde. Sein damaliges Publikum,
besser gesagt, seine Opfer, waren Nachbarn und Passanten
in der Münchner Vorstadt Au, wo der ehrgeizige Jung-
Anarchist 1882 geboren wurde und als Schrecken seiner
Umgebung aufwuchs. Seine »Jugendstreiche« – fast alle
sind mit Lärm, Gestank, Geschrei verbunden – erscheinen
im Rückblick als vorsprachlicher Ausdruck seiner erst auf
der Bühne zum Sprengstoff der Wörter greifenden Komik.

Unter der Überschrift »Vermischtes« sind Zeitschriften-
Artikel, dazu bislang unveröffentlichte Satiren, Beiträge,
Entdeckungen und Anregungen des »Theoretikers«
Karl Valentin versammelt. Am Ende stehen – natürlich –
Valentins Vorworte.

Karl Valentin

Die alten Rittersleut
Szenen und Couplets. 128 Seiten.
SP 2027

Ich hätt geküßt die Spur von Deinem Tritt
Musikclownerien. Herausgegeben und mit einem Nachwort von Karl Riha. 189 Seiten mit 21 Abbildungen und Faksimiles. SP 863

I sag gar nix. Dös wird man doch noch sagen dürfen!
Politische Sketche. Herausgegeben von Helmut Bachmaier.
121 Seiten. SP 1783

Daß Karl Valentins Komik nicht auf blindes Einverständnis mit dem Publikum und der Gesellschaft im ganzen aus war, sondern zumeist gezielt subversiv sich gegen die herrschende (Un-)Ordnung richtete, belegen aufs schlagendste seine politischen Sketche und Couplets, deren beste in dieser Ausgabe versammelt sind. Sie machen deutlich, daß der große Komiker zu allen wichtigen politischen Fragen satirische Kommentare abgegeben hat.

Kurzer Rede langer Sinn
Texte von und über Karl Valentin. Herausgegeben von Helmut Bachmaier. 410 Seiten.
SP 907

Mögen hätt ich schon wollen, aber dürfen hab ich mich nicht getraut!
Das Beste aus seinem Werk. Herausgegeben und mit einem Nachwort von Helmut Bachmaier. 169 Seiten. SP 1162

Karl Valentins Filme
Alle 29 Filme, 12 Fragmente, 344 Bilder, Texte, Filmographie. Herausgegeben von Michael Schulte und Peter Syr. Mit einem Nachwort von Helmut Bachmaier. 225 Seiten. SP 996

Karl Valentin hat sich selbst als Film-Avantgardist begriffen. Bei diesem vielfältig begabten Künster sind der körperliche Ausdruck und die optische Inszenierung für seine Komik ebenso typisch wie das Anrennen gegen die Grenzen der Sprache.

Das Valentin-Buch
Von und über Karl Valentin in Texten und Bildern. Herausgegeben von Michael Schulte. 535 Seiten mit 111 Abbildungen und Faksimiles. SP 370

»Karl Valentin war ein großer Komiker, ein begnadeter Humorist, einmalig in seiner Skurrilität.«

Lore Lorentz in der »Welt am Sonntag«